DINERO, SEGUROS Y CONOCIMIENTOS FINANCIEROS PARA TODOS

Ideas, Conceptos y Principios
SIMPLIFICADOS

Abe J Garcia

Table of Contents

Adelante	1
Introducción	4
Gracias especiales	9
Conceptos básicos de presupueston	10
Fondos de ahorro y emergencia	22
El mundo de las inversions	34
Planificación para la jubilación	46
Conceptos básicos de seguros	58
Generación y gestión de crédito	72
Independencia financiera	84
Cómo generar riqueza	96
Bienestar financiero y control del estrés	106
Más recursos educativos	119
Autor	128
FUNDACIÓN Red de Seguridad	129

One
Adelante

Estimado lector:

Cuando mi padre me propuso escribir el prólogo de su libro sobre educación financiera, me sentí emocionado y nervioso a la vez. Emocionado porque creo que entender los asuntos relacionados con el dinero es importante para todos, independientemente de la edad. Nervioso porque, bueno, ¿quién soy yo para ofrecer orientación financiera a alguien?

Cuando era adolescente, el dinero siempre fue un misterio para mí. Sabía que mis padres trabajaban mucho para mantener a nuestra familia, pero los detalles sobre presupuestos, ahorros, seguros e inversiones eran temas que no estaban en mi radar. Sin embargo, a medida que seguía las páginas del libro de mi padre, comencé a recordar cuánto compartió conmigo y con mi hermano hace mucho tiempo. No estaba aplicando los conceptos que compartió, pero sí recuerdo las ideas. Más tarde, me di cuenta de lo importante que era la educación financiera para todos, especialmente para los jóvenes universitarios como yo. Como estudiante de segundo año de la universidad, con una alta calificación crediticia, pude solicitar y obtener la aprobación para una tarjeta de crédito con una tasa de interés muy baja y un límite de crédito alto, pero, por supuesto, no tengo un saldo de deuda. Mi acceso a un límite de crédito se utiliza únicamente para las compras cotidianas que se pagan en su totalidad cada mes. Además, estoy obteniendo reembolsos en efectivo y recompensas con cada transacción y evitando los riesgos asociados con el uso de una tarjeta de débito. No sabía que mi padre ayudó a establecer mi perfil crediticio, desde el principio, utilizando su buen crédito. Eso fue una planificación inteligente y anticipada.

En estos tiempos de constante cambio, cuando debemos ser personalmente responsables y asumir más responsabilidades, saber cómo funciona el dinero y cómo administrarlo y hacerlo crecer es una habilidad que colocará a todos en el camino del éxito. Ya sea aprendiendo los conceptos básicos de la presupuestación, entendiendo el poder del interés compuesto, explorando diferentes opciones de inversión, especialmente los fondos indexados, utilizando seguros para transferir riesgos o comenzando a construir un perfil crediticio como preadolescente, el conocimiento que adquirimos lo antes posible seguirá creciendo como el interés compuesto.

La importancia de la alfabetización financiera continua no debe subestimarse. Es posible que nunca tengamos una comprensión perfecta de las ideas, conceptos y principios relacionados con el dinero, pero este libro ayudará a todos a simplificar el camino hacia un mayor conocimiento y experiencias positivas. Una sola persona no puede ayudar a todos, independientemente de su pasión, así que busque a alguien en casa, en la escuela o en el trabajo que le ayude a tomar medidas inmediatas. Únase a la comunidad de bienestar financiero y prepare sus preguntas.

A través de este libro, mi padre se ha propuesto empoderar a los lectores de todas las edades para que tomen el control de su futuro hoy. He visto de primera mano la pasión y la dedicación que ha puesto en este proyecto, y solo puedo esperar que sus palabras le inspiren a emprender su propio viaje educativo hacia la alfabetización financiera para usted y para todos los miembros de su familia y su red más amplia.

Por lo tanto, a medida que pasa las páginas de este libro, le animo a abordar la alfabetización financiera con una mente abierta y la voluntad de aprender, tomar medidas y compartir los temas básicos y avanzados. Siempre hay más que aprender y más beneficios que recibir. Ya sea que sea un adolescente como yo o alguien mucho mayor, los principios de la alfabetización financiera son universales.

Un cordial saludo,

Amélie García Manukian

https://www.linkedin.com/in/amylife/

Two
Introducción

Un viaje de alfabetización financiera es muy parecido a embarcarse en una aventura en el mar, ya que nunca se sabe cuándo puede cambiar el clima o cuándo se encontrará con aguas turbulentas que requieran habilidades de navegación. Al igual que un marinero bien preparado que se prepara para cualquier escenario posible en el mar, es fundamental prepararse tanto para los altibajos de su vida financiera. La sólida base que ofrece la alfabetización financiera garantiza que podamos soportar períodos tormentosos y mantener la vista fija en nuestros objetivos financieros. Todos necesitamos ayuda para mantenernos informados, resilientes y concentrados en alcanzar metas claramente definidas, pero no todos reciben la ayuda que necesitan. Este libro lo ayudará a comprender dónde ir para hacer preguntas y tomar medidas claras después de dominar la alfabetización financiera básica.

Uno de los mayores obstáculos para comprender las finanzas es la creencia común de que el éxito proviene únicamente del trabajo duro y la inteligencia. Si bien estas cualidades son importantes, este punto de vista a menudo no reconoce la importancia del momento oportuno, la suerte y otras influencias externas incontrolables. Estos importantes factores contribuyentes pueden tener un impacto significativo pero invisible en nuestros resultados financieros. Aferrarse a la mentalidad limitada de que el trabajo duro es suficiente nos hará tener una confianza excesiva y estar mal preparados para los malos momentos en los que las cosas no salgan según lo planeado. Estos reveses podrían detenernos o ralentizarnos, causando problemas irreversibles y oportunidades perdidas.

Reconocer cada elemento del éxito y del fracaso nos enseña humildad. Nos ayuda a aceptar tanto las victorias como las derrotas con gracia, viéndolas como parte de un viaje más largo en lugar de un punto final y una razón para reducir la velocidad o dejar de aprender. La idea de que el éxito puede conducir a un exceso de confianza se ha explorado ampliamente. Algunas personas a menudo flaquean después de alcanzar el éxito y tienden a elogiar excesivamente sus estrategias y habilidades, descuidando la influencia de los factores externos y la buena suerte, el tiempo y el azar. Este exceso de confianza puede obstaculizar el crecimiento, ya que nos impide cuestionar y aprender de nuestros éxitos, lo que perjudica el progreso y la adaptabilidad. Por lo tanto, adoptar una visión crítica de nuestros logros, junto con nuestros fracasos, fomenta un crecimiento intelectual más profundo y permanente.

Durante nuestro viaje financiero, la planificación a largo plazo, la adopción de medidas claras, la persistencia, la revisión y la paciencia son esenciales. Para adoptar estas conductas es necesario un compromiso permanente con la superación personal y la creencia de que alcanzar nuestras metas vale la pena hacer pequeños sacrificios hoy. Lograr la independencia financiera no se trata solo de realizar inversiones inteligentes o acumular riqueza; también se trata de desarrollar coraje, resiliencia, mantenerse adaptable y navegar sabiamente a través de incertidumbres y desacuerdos. Al prepararnos tanto para los buenos como para los malos tiempos, logramos una perspectiva equilibrada que nos mantiene firmemente arraigados y al mismo tiempo receptivos a nuevas oportunidades.

Además, comprender que ningún plan es infalible contra el destino, la mala suerte o el momento oportuno nos pone de relieve la importancia de crear una red de seguridad financiera. Esto significa ahorrar para emergencias, diversificar las inversiones, evitar la dependencia de una única fuente de ingresos y utilizar un seguro para transferir el riesgo de enfermedad y muerte. Estos pasos nos permiten afrontar desafíos financieros imprevistos sin comprometer nuestros planes a largo plazo. Adoptar esta mentalidad nos prepara mejor para navegar las olas de nuestro viaje financiero, aprovechar las oportunidades a medida que se presentan y recuperarnos de las recesiones.

En el cambiante panorama económico actual, implacable y basado en el autoservicio, es más importante que nunca comprender los conceptos básicos de la gestión del dinero. Muchas personas creen que para hacerse rico es necesario tener una gran herencia o ser muy inteligente. En cambio, la alfabetización financiera es la clave para gestionar el dinero, generar y mantener la riqueza por cuenta propia y mejorar económicamente con el tiempo. No hay necesidad de asesores que reciban una compensación por compartir información básica que está disponible sin costo si usted supiera a dónde acudir. Con la educación adecuada y la preparación para los buenos y los malos momentos, mantendrá el control de su futuro financiero. La educación lleva tiempo, pero al final tendrá su recompensa.

Ser inteligente con el dinero significa saber cómo presupuestar, ahorrar, invertir y manejar la deuda, el crédito y el riesgo de manera inteligente. Esta educación no es solo para los ricos que ya tienen dinero, es esencial para todos. Pensar que solo las personas ricas necesitan planificar o invertir es un gran descuido que no se puede subestimar. Las decisiones financieras inteligentes son importantes para todos, en todas partes, y aprender de este libro es una elección.

La creencia de que solo ciertas personas pueden lograr el éxito financiero debe terminar. Este libro es una puerta de entrada al mundo de la educación financiera para todos, que mejorará drásticamente la capacidad de todos para generar y gestionar eficazmente su riqueza actual y futura. Tanto para los jóvenes como para los adultos, dominar los conceptos básicos no solo puede asegurar su futuro financiero personal, sino que también puede ayudar a romper el ciclo de desigualdad que se transmite de generación en generación.

La Fundación Safety Net lucha por la educación financiera para todos. Se esfuerza por lograr un futuro en el que los obstáculos financieros no bloqueen el camino al éxito. Una red educativa sobre finanzas personales bien definida ayuda a nivelar el campo de juego, lo que permite que más personas aumenten y mantengan su riqueza, sin importar dónde comiencen.

La educación financiera está al alcance de todos. El objetivo de lograr la libertad financiera no debería parecer una travesía por un laberinto enorme para unos pocos elegidos con bolsillos profundos y asesores costosos. Existe un camino claro hacia la independencia financiera abierto a cualquiera que esté decidido a seguirlo. La educación financiera cerrará las brechas de desigualdad y allanará el camino para el progreso colectivo. El impacto de la educación sobre finanzas personales se extiende mucho más allá de los logros individuales: moldea nuestras comunidades y la estabilidad de las generaciones posteriores. Por lo tanto, es crucial cultivar un entorno en el que la comprensión financiera sea fácilmente accesible y muy valorada por todos en su red.

Disfrute del libro, luego eduque a otros y únase a nuestra Comunidad de Bienestar Financiero o inicie la suya propia.

-Abe

Three
Gracias especiales

Este primer libro y los demás que seguirán en la serie son el resultado de mi apasionada búsqueda por compartir lo que he aprendido de las personas más grandiosas que he tenido el placer de conocer. Trabajaré incansablemente para recompensarlos por su confianza y apoyo.

Como creo que soy padre, ante todo debo agradecer a mis hijos y a su increíble madre por su existencia, motivación y aliento.

A los miembros de la Junta Directiva de Safety Net FOUNDATION por su orientación, sabiduría y experiencia que ayudaron a dar forma a este libro para llegar a la mayor cantidad de personas posible.

Obispo Mitchell G. Taylor

Sr. Daniel W. Correa, CPA, Ph. D

Sra. Ana Soto

Sobre todo a los lectores que se adentrarán en estas páginas y posiblemente se unirán a nuestra Comunidad de Bienestar Financiero. Gracias por su interés y curiosidad. Su compromiso con este libro hace que el viaje valga la pena y los beneficios sean ilimitados.

Estoy profundamente agradecido por las contribuciones de todos, demasiados para mencionarlos.

Con sincero agradecimiento,

Abe J. García

Four
Conceptos básicos de presupueston

La elaboración de presupuestos y la comprensión del funcionamiento del dinero son fundamentales para la educación financiera y para lograr la salud y la independencia financiera. A pesar de ser cruciales, es muy fácil pasarlas por alto en el ajetreo de la vida diaria. Sin embargo, adoptar un enfoque cauteloso sobre cómo utilizamos nuestros ingresos fijos y variables nos prepara para el éxito. La elaboración de presupuestos nos permite atravesar épocas de incertidumbre económica con seguridad en lugar de preocupación. Reconocer la elaboración de presupuestos como una habilidad esencial es el primer paso, pero también exige un esfuerzo dedicado para gestionar el futuro financiero de uno con una visión y un propósito claros basados en expectativas emocionales y financieras realistas y prácticas para hoy y mañana.

Sin embargo, el camino hacia la seguridad financiera está lleno de obstáculos, en particular cuando se trata de separar lo que necesitamos de lo que simplemente queremos. En el mundo actual, bombardeado por anuncios interminables y presionado por la sociedad, distinguir entre necesidades y caprichos se convierte en una verdadera lucha contra nuestras tentaciones. El marketing y la tentación del placer instantáneo a menudo eclipsan el pensamiento racional, lo que lleva a tomar decisiones que pueden satisfacer los antojos de hoy, pero poner en peligro la seguridad de mañana. Este conflicto entre buscar alegrías inmediatas y fijarse metas futuras pone de relieve un problema generalizado. Sin un plan definido y autodisciplina, alcanzar la estabilidad financiera puede parecer como perseguir un espejismo que nunca experimentaremos realmente.

Diferenciar entre necesidades y deseos

Aprender a distinguir lo que necesitamos de lo que simplemente queremos es crucial para construir un futuro financiero seguro. Piense en ello como separar lo imprescindible, como la comida, un lugar para vivir y el transporte, de lo que sería un lujo, como salir a comer fuera, los últimos aparatos electrónicos, ropa cara y vacaciones. Si bien parece fácil clasificarlos al principio, a veces puede resultar un poco complicado determinar cuál es cuál. Aun así, dominar esta clasificación puede marcar una enorme diferencia en cómo presupuestamos y administramos nuestro dinero.

Poner nuestras necesidades por delante de nuestros deseos significa ocuparnos de nuestros gastos básicos antes de derrochar en extras. Este enfoque es vital no solo para sobrevivir, sino para allanar el camino hacia un mejor control de nuestras finanzas. El truco está en ser honestos con nosotros mismos acerca de cada posible compra o compromiso costoso. Podemos hacerlo si nos detenemos a pensar en su verdadera necesidad y en su efecto sobre nuestra vida y nuestro bolsillo.

Una estrategia para ayudarnos a ordenar nuestros gastos consiste en dividirlos en fijos y flexibles. Los fijos cubren las cosas esenciales, como la vivienda, las facturas, los alimentos y la atención médica que debemos pagar. Sin embargo, los flexibles son aquellos en los que tenemos margen de maniobra, es decir, cosas de las que podemos prescindir, como los servicios de streaming, las cuotas del gimnasio y las compras de artículos no esenciales. Los ingresos y gastos variables son flujos de efectivo financieros, que entran y salen, y que pueden cambiar mensualmente. Si recortamos los gastos flexibles, podemos ahorrar más o reducir las deudas, lo que fomenta la seguridad financiera a largo plazo.

Resistir la tentación de comprar por impulso puede ser difícil, pero esperar días antes de comprar algo de la lista de "deseos" puede reforzar nuestra resiliencia financiera. Tomarnos un tiempo para pensar si realmente necesitamos algo a menudo puede llevarnos a darnos cuenta de que no es tan crucial como pensábamos al principio. Esta pausa puede ayudarnos a frenar las compras innecesarias, dejando más espacio en nuestro presupuesto para ahorros o inversiones. Trabajar con un presupuesto que mantenga una línea clara entre necesidades y deseos requiere compromiso. No se trata solo de saber la diferencia, sino también de diseñar y seguir un presupuesto que refleje este compromiso. Las herramientas y aplicaciones diseñadas para la elaboración de presupuestos pueden ser útiles para controlar los gastos, categorizar los gastos en "necesidades" y "deseos" y ajustarlos según sea necesario. Los controles y actualizaciones regulares de nuestro presupuesto ayudan a que todo funcione sin problemas.

Gastar sabiamente no se trata de eliminar toda la diversión. Se trata de tomar decisiones que se alineen con ambiciones financieras más grandes. Implica evaluar las compras en función de su valor duradero en lugar de la satisfacción inmediata. Cambiar el foco del placer instantáneo a la satisfacción duradera es esencial para aumentar y preservar los ingresos y crear seguridad financiera lo antes posible.

Al enfatizar el gasto cuidadoso y establecer prioridades claras, podemos delinear un plan para mejorar la gestión financiera y el ahorro. Pero no se trata solo de engrosar la cuenta bancaria, se trata de crear un estilo de vida diario que valore el significado por encima del materialismo y la sostenibilidad por encima de la autogratificación inmediata y constante. Además, distinguir entre necesidades y deseos va más allá de las finanzas; es un ejercicio profundo para identificar nuestros verdaderos valores y prioridades. A veces, lo que consideramos una necesidad puede ser un deseo, determinado por la sociedad, nuestros pares o por anuncios publicitarios agresivos. Reconocer estos factores ayuda a fomentar hábitos de gasto más reflexivos, lo que afecta positivamente a nuestro bolsillo.

Manejar las complejidades de las finanzas personales requiere atención, autodisciplina y disposición para actuar de una forma u otra. Al adoptar estos principios, estamos mejor preparados para evitar las trampas financieras y avanzar hacia nuestras metas financieras y de vida. Comienza con una comprensión profunda de lo que es necesario frente a lo que es meramente deseable.

Crear un plan de gastos realista

Preparar un presupuesto es como diseñar los cimientos de su nuevo hogar. Una base duradera mantiene todo estable, al igual que un presupuesto cuidadoso respalda nuestro bienestar financiero. Es fundamental crear un presupuesto que se ajuste a sus ingresos y flujo de efectivo para evitar endeudarse y gastar más de lo que puede permitirse. La planificación de sus finanzas debe ser tan detallada y meditada como la planificación de la construcción de su casa, centrándose en lo que es necesario y siendo inteligente con sus gastos.

A continuación, le indicamos cómo puede comenzar a construir una base financiera sólida:

· Vigile de cerca cada ingreso para obtener una imagen completa de los ingresos que entran y salen. Divida sus gastos en categorías para ver a dónde va su dinero cada día, semana y mes.

· Pon lo esencial primero en tu presupuesto, de modo que cubras tus necesidades antes de pasar a los deseos.

· Crea límites de gasto para compras no esenciales para mantener bajo control los gastos excesivos.

Tener el control de tus finanzas no significa que tengas que ponerte límites; se trata de tomar decisiones que te ayuden a alcanzar tus metas personales. Controlar cuánto gastas y ajustar tu presupuesto cuando sea necesario te permite adaptarte a las sorpresas de la vida. Esta estrategia flexible te permite mover el dinero para concentrarte en cosas importantes, como ahorrar para la jubilación o la universidad.

<u>Para administrar esto de manera efectiva, considera estos consejos:</u>

· Revisa periódicamente tus gastos para detectar cualquier cambio y ajústalos en consecuencia.

· Mantén tus prioridades financieras a la vista.

· Prepárate para reducir los gastos no esenciales, especialmente cuando el dinero escasea.

· Prémiate por adaptar tu presupuesto a nuevas situaciones, manteniendo buenos hábitos.

En esta era de teléfonos inteligentes y dispositivos, la tecnología puede simplificar la elaboración de presupuestos. Las aplicaciones de presupuestos no solo facilitan el seguimiento de los gastos y los ahorros, sino que también brindan información sobre sus hábitos de gasto y ofrecen formas de ahorrar dinero de manera más eficaz.

Si está abierto a usar la tecnología para una mejor gestión financiera, estos son algunos pasos a seguir:

· Busque y use una aplicación de presupuestos que se adapte a sus objetivos y preferencias financieras.

· Actualice regularmente la aplicación con sus ingresos y gastos más recientes para un seguimiento preciso.

· Profundice en las estadísticas de la aplicación para descubrir patrones de gasto que podría mejorar.

· Configure alertas de la aplicación para mantenerse al día con las facturas y los ahorros sin perder el ritmo.

Incluir una meta de ahorro en su presupuesto agrega una capa adicional de motivación. Ya sea que ahorre para una casa, unas vacaciones o un fondo de emergencia, tener objetivos específicos hace que sus aspiraciones financieras sean más concretas. Reservar dinero regularmente para estos objetivos genera una sensación de progreso y logro.

Para integrar el ahorro a la perfección en su presupuesto, siga estos consejos:

· Defina claramente para qué está ahorrando, con plazos para cada objetivo.

· Elige una cantidad fija o un porcentaje de cada sueldo para tus ahorros, priorizándolos sobre otros gastos.

· Haz que el ahorro sea automático estableciendo transferencias a tu cuenta de ahorros, de modo que no tengas que pensar en ello cada vez que recibas tu sueldo.

· Controla tus objetivos de ahorro de vez en cuando y ajusta la cantidad que ahorras según sea necesario para mantenerte en el buen camino.

Elaborar un presupuesto realista que refleje las realidades financieras personales fomenta la disciplina, fomenta el ahorro y ayuda a alcanzar los objetivos. La elaboración de un presupuesto no se trata solo de hacer un seguimiento de cada centavo; se trata de elegir gastar de manera que se cubran tanto las necesidades presentes como las ambiciones futuras.

Uso de herramientas y aplicaciones para la elaboración de presupuestos

En el mundo actual, lograr la estabilidad financiera puede parecer más un acto de equilibrio que un camino sencillo. Afortunadamente, las herramientas y aplicaciones para la elaboración de presupuestos desempeñan un papel fundamental para ayudarnos a mantener nuestras finanzas bajo control. Estas ayudas digitales sirven como base para nuestro bienestar financiero, ofreciendo una forma de administrar nuestro dinero de manera eficiente con la ayuda de la última tecnología.

Explorar cómo las herramientas para la elaboración de presupuestos han transformado la abrumadora tarea de llevar un registro de los gastos revela su verdadero valor. Atrás quedaron los días del tedioso registro manual, que a menudo conducía a errores. Imagine, en cambio, una plataforma que organiza y registra cada gasto con un simple clic, presentando sus patrones de gasto en imágenes fáciles de entender. Este cambio va más allá de la mera conveniencia; proporciona una imagen clara de hacia dónde fluye su dinero, lo que le permite hacer ajustes inteligentes. La facilidad de uso promueve la participación regular, que es clave para desarrollar y mantener buenos hábitos financieros.

Si analizamos más a fondo las ventajas que ofrecen las herramientas de presupuesto de primer nivel, encontramos funciones que hacen más que simplemente registrar los gastos: controlan tu bienestar financiero a medida que suceden. Estas funciones pueden alertarte cuando estás a punto de exceder tu presupuesto en determinadas áreas o recordarte facturas inminentes. Este aviso oportuno permite realizar ajustes de gastos en el momento, lo que ayuda a evitar las consecuencias de posibles errores financieros.

El proceso de establecer y alcanzar objetivos financieros se parece a intentar dirigir un barco en mares brumosos. En este caso, las aplicaciones de presupuesto equipadas con funciones de establecimiento de objetivos actúan como faros que iluminan el camino. Ya sea que se trate de ahorrar para una compra importante, planificar un viaje de ensueño o reducir la deuda, estas aplicaciones te permiten definir objetivos concretos y diseñar un plan paso a paso para alcanzarlos.

Observar tu progreso se vuelve gratificante, especialmente porque muchas aplicaciones celebran tus éxitos a lo largo del camino, lo que aumenta tu motivación para seguir avanzando en tu hoja de ruta hacia el éxito. La vinculación de las herramientas de presupuesto con sus cuentas bancarias completa la experiencia de gestión financiera al proporcionar una descripción general de toda su situación económica. Con toda su información financiera (ganancias, ingresos, gastos, ahorros e inversiones) en un solo lugar, obtiene una comprensión completa de su salud fiscal.

Esta vista introductoria garantiza que no se pase por alto ningún detalle y respalda la toma de decisiones informadas que consideran su panorama financiero completo. El cambio de la presupuestación tradicional al uso de herramientas digitales marca un paso significativo hacia la gestión financiera accesible y, sorprendentemente, agradable para la mayoría de las personas. Simplifica conceptos e ideas financieras complejas, fomentando un compromiso activo y positivo con nuestras finanzas.

Además, la disciplina de registrar cada transacción alienta a los usuarios de la aplicación a pensar críticamente sobre sus hábitos de gasto. Con el tiempo, dicha reflexión profundiza nuestra comprensión de nuestras tendencias financieras, preparando el escenario para mejoras sustanciales. Lo que comienza como una simple tarea de seguimiento evoluciona hacia un enfoque estratégico para administrar el dinero, arraigando la disciplina financiera como parte de la vida cotidiana.

En esencia, el atractivo de las aplicaciones y herramientas de presupuesto se extiende más allá de la mera organización; Sientan las bases para tomar decisiones financieras informadas. Promueven un enfoque equilibrado para manejar las finanzas que combina responsabilidad, conocimiento y visión no solo para mantener sino también para hacer crecer nuestros recursos financieros.

Comenzar a usar estas herramientas implica adoptar la tecnología y confiar en sus procesos.

<u>Estos son algunos pasos para quienes estén listos para comenzar:</u>

· Elija una herramienta de presupuesto que se adapte a sus necesidades financieras, objetivos y prioridades.

· Vincule la aplicación con sus cuentas bancarias y de tarjetas de crédito para realizar un seguimiento de gastos sin problemas.

· Use las funciones de establecimiento de objetivos para establecer y perseguir sus sueños financieros.

Revise constantemente los conocimientos de la aplicación para ajustar su estrategia de presupuesto en el futuro.

Establecer metas financieras basadas en el presupuesto

Profundicemos en la idea de lograr que nuestros hábitos de gasto y objetivos financieros vayan de la mano para lograr un futuro más brillante. Debe convertir esos sueños en objetivos alcanzables con un presupuesto inteligente y una planificación anticipada. Piense en sus metas financieras como un faro, que le permitirá mantener sus gastos encaminados y dirigir sus presupuestos hacia algo que realmente valga la pena. Para comenzar, el desafío consiste en establecer metas financieras específicas. Decir "quiero ahorrar dinero" es demasiado vago. Es más impactante determinar exactamente para qué está ahorrando, como una casa cómoda, el matrimonio, una jubilación cómoda o un fondo de emergencia. Tener estas metas específicas en mente hace maravillas para cumplir con su presupuesto. Imagine cada dólar que ahorra como una pieza de rompecabezas, cada una de las cuales lo acerca a ver la imagen completa de sus sueños.

A continuación, se indican los pasos para comenzar y continuar:

· Decida con precisión qué hitos financieros desea alcanzar, tanto en el futuro cercano como en el lejano.

· Analice honestamente sus finanzas actuales para determinar qué es posible hoy.

· Establezca metas SMART (específicas, medibles, alcanzables, relevantes y con plazos determinados) para darle a su recorrido financiero una dirección y un enfoque.

Estar atento a lo cerca que está de alcanzar estas metas también le brinda su propia satisfacción. Es como ver cómo una barra de progreso se llena lentamente, cuanto más se acerca, más tangible se siente su sueño. Esta sensación de logro no solo es gratificante, sino que lo impulsa hacia adelante.

Puede mantener el rumbo:

· Revise regularmente su presupuesto y sus informes financieros.

· Utilice aplicaciones o herramientas que le ayuden a monitorear el logro de sus metas.

· Celebre los pequeños triunfos para mantener el ánimo en alto.

La vida está llena de sorpresas y su estrategia financiera debe ser lo suficientemente flexible para adaptarse a ellas. Reevaluar sus metas de vez en cuando le permite adaptarse a nuevas circunstancias, como un cambio de trabajo, un matrimonio o un nuevo miembro de la familia. Mantenga sus objetivos relevantes y alcanzables. Los ajustes pueden incluir aumentar su tasa de ahorro después de un aumento de salario o modificar sus inversiones debido a las fluctuaciones del mercado. Ser adaptable le ayuda a seguir avanzando hacia sus ambiciones sin perder el foco.

Estrategias clave para una gestión eficaz del presupuesto

En esta sección, hemos explorado cómo lograr un equilibrio perfecto entre lo que necesitamos y lo que queremos, utilizando la elaboración de presupuestos como nuestra luz guía a través del vasto mundo de la salud financiera y la construcción de la seguridad financiera. Desde el principio, aprendimos que reconocer la diferencia entre lo esencial y lo adicional no se trata de ahorrar centavos; es un paso vital para garantizar un futuro financiero estable.

Ahora, con una base sólida bajo nuestros pies, está claro que crear un presupuesto que refleje nuestras necesidades reales en lugar de nuestros deseos fugaces no nos limita. En cambio, abre la oportunidad de dirigir nuestros fondos hacia cosas verdaderamente importantes, ayudándonos a alejarnos de los placeres efímeros para disfrutar de una felicidad duradera.

Los impactos positivos de ceñirse a un presupuesto de este tipo van mucho más allá de nuestro propio bienestar financiero. Este enfoque de la elaboración de presupuestos no solo eleva nuestras propias vidas, sino que también fortalece el tejido social de nuestras comunidades al fomentar el bienestar financiero colectivo.

Five
Fondos de ahorro y emergencia

Piense en ahorrar dinero como si estuviera preparando una maleta para una aventura a un destino desconocido. Así como estar preparado para cualquier cosa hace que su viaje sea más fácil, tener ahorros le ayuda a afrontar los giros inesperados de la vida sin pánico ni demasiado estrés. Imagine las sorpresas financieras como tormentas que pueden hacerle perder el rumbo. Una cuenta de ahorros importante es como un faro en medio de estas tormentas, que le guía hacia una llegada tranquila y segura. Ahorrar no se trata solo de acumular efectivo; se trata más bien de crear un colchón para protegerse de las sorpresas de la vida.

No tener un colchón financiero puede ponerlo en situaciones difíciles donde la única opción podría ser pedir préstamos a tasas de interés altas para cubrir los déficits. Esto a menudo conduce a un ciclo de deuda que puede dañar su bienestar financiero con el tiempo. En el mundo actual, con sus dificultades económicas y desafíos personales impredecibles, no tener ahorros puede convertir pequeños problemas en grandes desastres. Esta situación arroja luz sobre una lucha común: demasiadas personas se ven sorprendidas por las emergencias y les resulta difícil gestionar sus necesidades financieras inmediatas sin poner en peligro su futuro.

Crear un fondo de emergencia

Reconocer la necesidad de un fondo de emergencia es muy parecido a entender por qué usarías un chaleco salvavidas cuando vas a navegar. No se trata solo de prepararse para lo peor, sino de garantizar que tengas estabilidad y seguridad cuando surjan desafíos inesperados. Piensa en un fondo de emergencia como tu red de seguridad financiera, lista para protegerte si enfrentas la pérdida del trabajo, emergencias médicas o cualquier gasto imprevisto. Esta capa protectora es crucial no solo para la tranquilidad, sino también para mantener tus finanzas estables durante eventos inesperados.

La idea de ahorrar el equivalente a tres o seis meses de gastos puede parecer abrumadora a primera vista, dados los costos diarios que todos incurrimos. Sin embargo, este objetivo se basa en consejos sólidos y prácticos. Tener este colchón puede ser un cambio significativo, que te permita administrar los gastos necesarios sin caer en la trampa de opciones de deuda con intereses altos, como tarjetas de crédito o préstamos de día de pago.

A continuación, te mostramos cómo lograrlo:

· Primero, calcula tus gastos mensuales y multiplícalos por la cantidad de meses para los que quieres ahorrar. Este número es tu objetivo de ahorro.

· Si la cifra final parece intimidante, comience con la cantidad que pueda. Cada pequeña suma suma a su seguridad financiera.

· Analice bien a dónde va su dinero cada mes para encontrar oportunidades de ahorrar un poco más para su fondo de emergencia.

Además, realizar contribuciones regulares a su fondo de emergencia es clave para su crecimiento y su presencia duradera. Una medida inteligente es configurar transferencias automáticas desde su cuenta corriente a su cuenta de ahorros justo después de recibir su cheque de pago. Este método de piloto automático ayuda a garantizar que esté guardando dinero de manera constante antes de que sienta la tentación de gastarlo en otra parte, construyendo gradualmente una sólida red de seguridad financiera.

Antes de establecer otras metas financieras, debe establecer un fondo de emergencia. Si bien invertir y reducir la deuda son importantes, tener acceso rápido al efectivo para emergencias es invaluable. Hacerlo una prioridad significa que las facturas inesperadas no arruinarán sus planes financieros ni lo empujarán a endeudarse aún más, una situación que muchas personas conocen muy bien.

Para que su fondo de emergencia funcione mejor, debe mantenerse en un lugar al que sea fácil acceder. Las cuentas de ahorro de alto rendimiento, las cuentas del mercado monetario o los CD a corto plazo pueden ser excelentes opciones. Ofrecen la posibilidad de que sus ahorros ganen intereses y sigan estando disponibles para su uso inmediato, sin penalizaciones. Buscar cuentas con los rendimientos porcentuales anuales más altos ayudará a que su fondo de emergencia crezca aún más rápido.

Consideremos por qué es tan importante comenzar un fondo de emergencia ahora mismo. Imagine no tener uno cuando surge un gasto repentino; podría volverse abrumador rápidamente y obligarlo a depender de tarjetas de crédito o préstamos con tasas de interés elevadas. Desafortunadamente, este no es solo un escenario hipotético; es la realidad para aquellos que han sido tomados por sorpresa financieramente.

Estrategias para ayudarlo a crear un fondo de emergencia:

· Asigne parte de cualquier ingreso inesperado, como reembolsos de impuestos o bonificaciones, directamente a sus ahorros de emergencia.

· Intente ahorrar una pequeña cantidad todos los días, como $1 más cualquier cambio que le sobre. Se sorprenderá de cómo se acumula.

· Haga que ahorrar sea sencillo desviando automáticamente una parte de su salario a su fondo de emergencia, fomentando un hábito de ahorro sin problemas.

El valor de un fondo de emergencia va más allá de los dólares y los centavos. El verdadero tesoro es el alivio emocional y psicológico que proporciona. Saber que se cuenta con un respaldo financiero reduce el estrés y la ansiedad asociados a las sorpresas monetarias, lo que ofrece una sensación inestimable de seguridad y bienestar.

Automatizar los depósitos de ahorros

Desbloquear el potencial de las transferencias automáticas puede ser un cambio significativo en la forma en que ahorramos dinero, y nos aleja de depender estrictamente de nuestra fuerza de voluntad. Este enfoque inteligente requiere que organices tu cuenta bancaria de modo que una parte fija de lo que ganas se destine directamente a los ahorros en momentos regulares. Es como establecer tus metas de ahorro para que se ejecuten solas, asegurándote de que ahorras dinero antes de siquiera pensar en gastarlo en otra cosa.

A continuación, desglosemos cómo hacer que esto funcione bien para ti:

· Comienza por determinar un porcentaje de tus ingresos que te resulte cómodo destinar a los ahorros de forma regular. No tiene que ser mucho; incluso una pequeña cantidad ahorrada de forma constante puede crecer con el tiempo.

· A continuación, aprovecha los servicios en línea de tu banco para configurar una transferencia automática de fondos desde tu cuenta corriente a tu cuenta de ahorros. Elige la frecuencia con la que se realizan estas transferencias: semanal, quincenal o mensual para que coincida con tu salario.

· Luego, si aún no tienes uno, crea un fondo separado para emergencias. Dirige parte de tus ahorros automáticos a este fondo para aliviar las preocupaciones sobre costos imprevistos.

· Por último, vigila y ajusta tu plan de ahorro. A medida que tu situación financiera cambie, es posible que encuentres oportunidades de ahorrar más, lo que te ayudará a alcanzar tus sueños financieros más rápido.

Adoptar esta estrategia no solo crea un hábito de ahorro disciplinado, sino que también reduce la necesidad de derrochar. Al destinar dinero automáticamente al ahorro, está fuera de la vista y de la mente, lo que reduce la tentación de comprar cosas por capricho. Básicamente, el ahorro automático establece un límite presupuestario donde el ahorro es tan obligatorio como pagar una factura de servicios públicos.

Además, el uso de la banca en línea para el ahorro automático facilita el seguimiento del crecimiento de tus ahorros. Los bancos suelen ofrecer herramientas para ver cómo se expanden tus ahorros, establecer objetivos de ahorro y verificar tu éxito en tiempo real. Este tipo de transparencia puede ser un gran impulso para tu motivación, manteniéndote en el buen camino con tus hábitos de ahorro.

Sin embargo, es importante tener en cuenta que la automatización no es perfecta para todos. Dependiendo de su nivel de ingresos, el impacto de las herramientas de ahorro automático puede variar. Aquellos que ganan menos pueden encontrar estas herramientas excepcionalmente útiles para construir una red de seguridad sin sentir demasiado el apuro. Sin embargo, quienes ganan más pueden necesitar combinar el ahorro automático con esfuerzos de inversión activa para realmente amplificar su seguridad financiera.

Es esencial entender que si bien la automatización puede preparar el terreno para el ahorro, no puede forzar una acción de ahorro exitosa. La clave real está en la dedicación personal y el esfuerzo continuo por gastar menos de lo que gana. Más allá de simplemente configurar transferencias automáticas, es fundamental cultivar una mentalidad centrada en el ahorro. Esto significa valorar cada dólar, elegir esperar para realizar compras y poner la estabilidad a largo plazo por encima de las alegrías fugaces.

Para las personas que encuentran un desafío ahorrar, el concepto de "pagarse a sí mismo primero" canalizando una parte de sus ingresos hacia los ahorros puede parecer intimidante a primera vista. Sin embargo, es fundamental verlo no como una limitación sino como un paso hacia una mayor libertad. Al ahorrar diligentemente, esencialmente está asegurando la libertad de tomar decisiones sin restricciones financieras en el futuro.

En esencia, automatizar el ahorro refleja una postura proactiva en la gestión de las finanzas. Al poner en marcha estas configuraciones, se avanza con valentía hacia los objetivos financieros sin depender de una toma de decisiones constante ni de una fuerza de voluntad fluctuante. Este enfoque fomenta la constancia en el ahorro y le permite acumular seguridad financiera de forma progresiva con el tiempo. Significa utilizar de forma inteligente las herramientas y los recursos disponibles para satisfacer las necesidades futuras y, al mismo tiempo, mantener una vida cómoda en el presente.

Entender el interés compuesto

Entender el concepto de interés compuesto es como encontrar un tesoro escondido en el que tu dinero tiene el potencial de multiplicarse de maneras que nunca imaginaste. Piensa en ello no solo como guardar tu dinero, sino como dejar que se agite y te genere más dinero con el tiempo, creciendo de manera continua y significativa. La verdadera magia detrás del interés compuesto radica en su capacidad para aumentar tu seguridad financiera al generar más intereses además de lo que ya has ganado con tus ahorros o inversiones.

Así es como el interés compuesto acelera las cosas: calcula el interés no solo sobre la cantidad inicial o principal que inviertes, sino también sobre todo el interés que se ha acumulado con el tiempo. Si bien esto puede parecer sencillo, el impacto es enorme. Imagínate plantar un solo árbol. A medida que pasa el tiempo, crece y produce frutos. Plantar las semillas de este fruto da lugar a más árboles y, en consecuencia, más frutos. Este ciclo continúa y, antes de que te des cuenta, tu árbol solitario se ha convertido en un gran huerto que se expande mucho más rápido que si estuvieras agregando un solo árbol tras otro. En esencia, esto es lo que sucede con el interés compuesto: su inversión se dispara a medida que el interés de períodos anteriores genera aún más interés sobre ese interés.

Para aprovechar al máximo el potencial del interés compuesto, es fundamental comenzar temprano. El papel del tiempo en la inversión es fundamental.

Cuanto antes comience a ahorrar e invertir, más oportunidades tendrá su dinero de experimentar los efectos notables de la capitalización.

A continuación, se indican algunos pasos para comenzar:

· Comience su viaje de ahorro o inversión lo antes posible, incluso con una pequeña cantidad.

· Siga realizando contribuciones regularmente, sin importar cuán pequeñas parezcan inicialmente.

· Resista la tentación de echar mano de sus ahorros o inversiones, permitiendo que el interés se capitalice aún más.

Al adoptar estos hábitos, está haciendo mucho más que ahorrar dinero; está allanando el camino para que sus activos financieros y su seguridad se disparen exponencialmente.

La estrategia de reinvertir el interés ganado es increíblemente eficaz para impulsar el crecimiento de sus ahorros e inversiones. Al no retirar los intereses que gana y, en cambio, dejar que se acumulen y generen aún más intereses, este ciclo se perpetúa y actúa como un motor sólido que impulsa una importante acumulación de seguridad financiera con el tiempo. Hace eco de nuestra analogía de usar las semillas de la fruta de su primer árbol para agrandar su huerto (cartera de educación o inversión), en lugar de consumir la fruta (interés) de inmediato y permitir que se multiplique.

Sin embargo, para gestionar sus finanzas de manera más eficaz, es fundamental comprender las distinciones entre interés simple y compuesto. El interés simple se calcula únicamente sobre el depósito o préstamo original sin considerar la capitalización, lo que significa que el monto de interés no crece ni genera interés adicional. El interés compuesto, sin embargo, se acumula con el tiempo: el interés genera interés y genera aún más interés. Esta distinción puede afectar significativamente su bienestar financiero con el tiempo.

Invertir en cuentas de ahorro de alto rendimiento

Las cuentas de ahorro de alto rendimiento están disponibles tanto en cooperativas de crédito como en bancos, lo que presenta una opción superior para mejorar su enfoque de ahorro. El principal punto de interés aquí es comprender cómo estas cuentas allanan el camino para una planificación financiera beneficiosa.

La esencia de las cuentas de ahorro de alto rendimiento radica en su capacidad para acelerar el crecimiento de sus ahorros gracias a sus atractivas tasas de interés. Se basa en un principio financiero sencillo: cuanto mejor o más alto sea el rendimiento porcentual anual (APY), más rápido se acumularán sus ahorros, gracias al interés compuesto. No obstante, elegir la cuenta de ahorro de alto rendimiento perfecta exige una investigación y una reflexión exhaustivas.

Encontrar la cuenta de ahorro de alto rendimiento adecuada implica varios pasos:

· Comience por explorar distintas opciones, centrándose en aquellas con las mejores tasas de interés y teniendo en cuenta también la atención al cliente y las funciones de banca digital.

· Lea atentamente los términos sobre saldos mínimos y posibles tarifas. Conocer estos detalles es crucial, ya que pueden influir en la ventaja general de la cuenta.

· Comprender la facilidad con la que puede acceder a sus fondos también es clave. Si su objetivo es hacer crecer sus ahorros, tener la flexibilidad de retirar sin cargos elevados ni penalizaciones brinda mayor comodidad.

Después de elegir una cuenta de ahorros de alto rendimiento, es fundamental que controle su cuenta. Sus objetivos financieros pueden cambiar o las condiciones del mercado pueden cambiar, lo que posiblemente afecte la idoneidad de su cuenta. Evaluar regularmente el rendimiento de su cuenta y mantenerse actualizado con sus términos garantiza que su estrategia de ahorro se mantenga en línea con sus objetivos, lo que permite realizar ajustes cuando sea necesario, posiblemente para nuevas cuentas con APY más altos.

Optar por una cuenta de ahorros de alto rendimiento es algo más que simplemente observar cómo aumenta su saldo; es un movimiento estratégico para mejorar su bienestar financiero y acercarse a la realización de sus objetivos a largo plazo. Ya sea que esté reservando dinero para gastos imprevistos, una compra importante o simplemente construyendo una red de seguridad financiera, los rendimientos mejorados de estas cuentas pueden desempeñar un papel importante. Su combinación de flexibilidad, seguridad y mayores ganancias hacen que las cuentas de ahorros de alto rendimiento sean una excelente opción para los ahorradores ávidos.

Pero no se trata solo de los rendimientos. Saber cómo usar estas cuentas de manera efectiva juega un papel fundamental. Por ejemplo, si deposita su fondo de emergencia en una cuenta de ahorros de alto rendimiento, podrá obtener más ganancias que en una cuenta de ahorros estándar. Además, si tiene objetivos financieros a corto plazo, estas cuentas ofrecen una forma de obtener mejores rendimientos sin la necesidad de inmovilizar sus fondos durante demasiado tiempo, a diferencia de otras opciones de inversión como los certificados de depósito (CD), que sí conllevan un riesgo de oportunidad.

Decidir invertir en una cuenta de ahorros de alto rendimiento va más allá de buscar mejores rendimientos. Refleja una dedicación más amplia a la gestión financiera inteligente. Si elige con cuidado la cuenta adecuada y compara su rendimiento con sus objetivos financieros, podrá aprovechar al máximo el potencial de estas cuentas. Con una planificación y un uso estratégicos, las cuentas de ahorros de alto rendimiento se convertirán en una parte fundamental para garantizar la estabilidad financiera y lo impulsarán hacia sus sueños financieros.

Estrategias clave para maximizar sus ahorros

A lo largo de este debate, hemos explorado el papel vital que desempeña el ahorro de dinero en la construcción de una base financiera sólida. Esto es particularmente cierto cuando se trata de reservar fondos para emergencias y cómo hacer que las contribuciones automáticas a los ahorros puedan hacer que todo el proceso sea mucho más sencillo. Hemos profundizado en cómo comprender el interés compuesto y optar por cuentas de ahorro de alto rendimiento no solo puede proteger sino también aumentar nuestras finanzas. Este enfoque proporciona una red de seguridad para gastos inesperados y es un paso crucial para cumplir aspiraciones a largo plazo.

Inicialmente, comparar un fondo de emergencia con un chaleco salvavidas destacó la importancia de estar preparado financieramente. Al cerrar esta discusión, está claro que comenzar y mantener estos hábitos de ahorro no es solo una opción, sino una estrategia clave para proteger nuestro bienestar financiero. Si bien puede parecer abrumador al principio, lograr este objetivo es posible e imperativo para cualquiera que busque estabilidad financiera e independencia.

Las ideas y tácticas que hemos cubierto son especialmente relevantes para aquellos que buscan liberarse de vivir de sueldo a sueldo, con el objetivo de disminuir las preocupaciones financieras y esforzarse por allanar el camino hacia la acumulación de seguridad financiera. El impacto más amplio de implementar estas estrategias de ahorro va más allá de los beneficios personales, ya que contribuye a la estabilidad económica personal y promueve una cultura de responsabilidad financiera.

Six
El mundo de las inversions

La inversión puede considerarse como la creación de un jardín vibrante que, con el tiempo, con el cuidado y la planificación adecuados, puede verse crecer y prosperar. Este jardín financiero consta de varias inversiones, como acciones, bonos y bienes raíces, cada una de las cuales necesita sus propias condiciones específicas para prosperar. Al igual que un jardinero aprende sobre el suelo, el clima y los cambios estacionales, cualquiera que desee invertir debe comprender bien estas herramientas financieras para construir una cartera exitosa. Si bien este viaje puede ser gratificante, también puede parecer un poco abrumador con tantas opciones y estrategias.

Muchas personas a menudo se muestran cautelosas al ingresar al mundo de la inversión debido al miedo a cometer errores y fracasar, especialmente cuando escuchan historias de cuentas de inversión que no crecen como se esperaba. Este miedo se ve magnificado por la naturaleza impredecible del mercado, donde los valores oscilan de manera descontrolada debido a factores que nadie puede predecir. Esto hace que la inversión parezca aterradora, alejando a muchos inversores potenciales. Además, el desafío de comprender los riesgos únicos asociados con los distintos tipos de inversiones, como acciones, bonos y bienes raíces, puede parecer una montaña empinada de escalar.

Explorando vehículos de inversión

Al explorar el vasto mundo de la inversión, queda claro que las acciones, los bonos y los bienes raíces desempeñan papeles cruciales en la construcción. Cada una de estas opciones tiene su conjunto único de ventajas y desafíos, todos contribuyendo a una estrategia orientada al crecimiento financiero.

Las acciones son particularmente atractivas para quienes buscan aumentar su seguridad financiera con el tiempo. Al comprar acciones, está comprando una parte de una empresa. Esta propiedad puede recompensarlo con una parte de las ganancias de la empresa a través de dividendos y la oportunidad de que su inversión aumente en valor. Las acciones son conocidas por su potencial para generar mayores retornos en comparación con otras inversiones a largo plazo. Pero, con altas recompensas vienen altos riesgos. Los precios de las acciones pueden oscilar drásticamente debido a una variedad de factores que incluyen cambios económicos, desempeño de la empresa y el sentimiento general del mercado. Si bien existe la posibilidad de obtener ganancias significativas, no se puede ignorar el riesgo de pérdidas.

Si dirigimos nuestra atención a los bonos, ofrecen una ruta de inversión más cautelosa que las acciones. Comprar un bono significa prestar dinero a un emisor, como un gobierno o una corporación, que a cambio promete pagos de intereses regulares hasta que el bono venza, momento en el que debería recuperar su inversión inicial. Los bonos suelen considerarse más seguros porque proporcionan un ingreso estable y ayudan a preservar el capital. Suelen atraer a inversores que prefieren la estabilidad y son cautelosos con el riesgo, ya que los bonos suelen generar rendimientos inferiores a las acciones. Sus pagos predecibles y el reembolso del capital los convierten en una opción sólida para una estrategia de inversión que prioriza la diversificación y la seguridad, en particular para quienes se acercan a la jubilación.

Las inversiones inmobiliarias añaden una dimensión física a la cartera de inversiones. Ya se trate de propiedades comerciales o residenciales, invertir en bienes raíces ofrece la oportunidad de obtener ingresos por alquiler o beneficiarse de la apreciación del valor. Los bienes raíces se destacan por ofrecer oportunidades de ingresos pasivos y la capacidad de aprovechar las hipotecas para aumentar los rendimientos. Sin embargo, la inversión inmobiliaria exitosa requiere una consideración cuidadosa de la ubicación, las tendencias del mercado y las tareas de gestión.

Aquí le mostramos cómo prosperar en la inversión inmobiliaria:

· Haga su tarea para identificar ubicaciones y tipos de propiedades prometedores.

· Evalúe las posibilidades de ingresos por alquiler y el potencial de apreciación utilizando tendencias pasadas y pronósticos futuros.

· Recuerde tener en cuenta los gastos como mantenimiento, impuestos y seguros, que pueden afectar la rentabilidad.

Considere contratar administradores de propiedades profesionales si tratar con inquilinos no es su fuerte.

Comprender los pros y los contras de cada categoría de inversión es clave para construir una cartera diversificada y equilibrada. Diversificación: distribuir sus inversiones en diferentes clases de activos reduce el riesgo de que el bajo rendimiento de una sola inversión afecte drásticamente a toda su cartera. Al mezclar acciones, bonos y bienes raíces, los inversores pueden disfrutar de las oportunidades de crecimiento que ofrecen las acciones, la estabilidad de los bonos y el potencial de ingresos de los bienes raíces. Esta combinación estratégica ayuda a suavizar la volatilidad del mercado, allanando el camino para obtener retornos consistentes a lo largo del tiempo.

El concepto de diversificación es sencillo pero impactante. Funciona sobre la premisa de que no todas las inversiones se comportarán de manera similar al mismo tiempo. Por ejemplo, cuando los mercados bursátiles caen, los bonos o los bienes raíces pueden permanecer estables o incluso ganar valor, lo que proporciona un colchón a su cartera. Esta estrategia de inversión subraya la importancia de pensar a largo plazo y ceñirse a un enfoque de asignación de activos bien planificado a través de diversas condiciones de mercado. Equilibra la búsqueda de altos rendimientos con la necesidad de seguridad, aprovechando las fortalezas de cada tipo de inversión para crear una base financiera sólida.

Profundizar en las complejidades de la inversión subraya el papel vital que desempeñan el conocimiento y la estrategia en la construcción de la seguridad financiera. Ya sea que navegue por el dinámico mundo de las acciones, la relativa estabilidad de los bonos o el mundo concreto de los bienes raíces, tomar decisiones informadas basadas en un conocimiento profundo de las características de cada opción es esencial para el avance y la seguridad financiera. El viaje a través del panorama de la inversión nos recuerda que la diversidad no se trata de jugar a lo seguro; es una herramienta estratégica para aprovechar la seguridad financiera de las oportunidades disponibles en los mercados.

Evaluar la tolerancia al riesgo

Conocer la cantidad de riesgo que estamos dispuestos a asumir es un poco como izar las velas para el viaje de un barco: nos guía a través de las aguas impredecibles de la inversión, asegurándonos de que nuestros objetivos financieros no se desvíen de su rumbo. Ser conscientes de nuestra tolerancia al riesgo no se trata solo de cuán tranquilos podemos permanecer cuando nuestras inversiones sufren un impacto. En realidad, está relacionado con quiénes somos, y muestra cuán preparados y capaces somos para manejar grandes altibajos en el valor de nuestras inversiones.

Cuando estamos elaborando un plan sobre cómo invertir, es clave pensar en este aspecto personal de las cosas. Esto garantiza que nuestras opciones de inversión coincidan con nuestros sueños a largo plazo. Imagínese invertir todo su dinero en acciones de alto riesgo cuando en realidad es alguien a quien le preocupa cada pequeña caída del mercado. Este desajuste podría llevar a decisiones apresuradas, como vender con pérdidas cuando el mercado cae, lo que va en contra de la idea de aguantar para obtener crecimiento a largo plazo. Por el contrario, si eres cauteloso, apegarte principalmente a inversiones de bajo riesgo podría proteger tu monto inicial, pero podrías perderte los mayores retornos que las acciones pueden ofrecer en el futuro. Por lo tanto, asegurarnos de que nuestras selecciones de inversión coincidan con nuestra comodidad natural con el riesgo no solo es inteligente; es esencial para mantenernos en el camino hacia nuestras metas financieras.

La delgada línea entre el riesgo y las posibles recompensas da forma a cómo se ve nuestra cartera de inversiones. Las opciones de alto riesgo, como las acciones y los bonos, prometen mayores ganancias, pero vienen con más altibajos. Por otro lado, las apuestas más seguras, como las cuentas de ahorro y los bonos del gobierno, son más estables, pero generalmente no crecen tanto. El truco para crear una estrategia de inversión es encontrar el equilibrio adecuado: entusiasmarse con la posibilidad de ganar más dinero y, al mismo tiempo, apreciar el crecimiento constante, aunque menor. Este equilibrio cambia a medida que evolucionan nuestras vidas y objetivos financieros.

Nuestro camino financiero no es recto ni predecible. Por eso es importante controlar constantemente cuánto riesgo nos parece aceptable. Los grandes cambios en la vida (como un nuevo trabajo, casarse o estar cerca de jubilarse) pueden alterar nuestro panorama financiero. Lo que nos parecía aceptable en términos de riesgo a los 30 años puede resultar demasiado a los 50. Reevaluar periódicamente nuestra percepción del riesgo nos permite asegurarnos de que nuestro enfoque de inversión se mantenga en línea con nuestra situación actual en la vida y con nuestras finanzas.

Para determinar cuál es su situación en cuanto al riesgo, pruebe estos pasos:

· Analice cómo reaccionó a las caídas pasadas del mercado. ¿Vendió, aguantó o incluso compró más?

· Piense en su situación financiera actual. Considere lo que debe, cuán sólido es su fondo de emergencia y cuándo necesitará usar sus inversiones. Si no necesita retirar su dinero pronto, es posible que no le importe correr más riesgos.

· Consulte los cuestionarios en línea. Muchos sitios ofrecen herramientas gratuitas para ayudarlo a comprender su nivel de riesgo. Pero tome estos resultados como pistas, no como hechos concretos.

· Hable con un profesional. Un asesor financiero puede brindarle asesoramiento que se adapte tanto a su capacidad emocional como financiera para manejar el riesgo.

Adoptar el hábito de evaluar nuestra comodidad con el riesgo ayuda a garantizar que no solo estemos buscando ganancias, sino que construyamos una seguridad financiera que se ajuste a nuestra mentalidad y plan de vida. Este tipo de alineación es crucial para capear los inevitables altibajos del mercado.

Además, reconocer que nuestra forma de abordar el riesgo refleja nuestros rasgos y nuestra tolerancia personales destaca la importancia de comprendernos mejor a nosotros mismos. Como destaca la Comisión de Bolsa y Valores de Estados Unidos, "todas las inversiones implican cierto grado de riesgo". La forma en que afrontamos este riesgo debe guiar nuestra estrategia de inversión. Aceptar, gestionar y transferir el riesgo establece las bases para elaborar un plan de inversión que refleje nuestros límites individuales y cumpla con nuestros objetivos financieros.

Comprobar periódicamente si nuestra tolerancia al riesgo ha cambiado requiere esfuerzo, pero nos mantiene atentos a cualquier cambio en nuestra situación financiera. Es posible que hayamos tenido hitos importantes en la vida que podrían afectar nuestra forma de ver el riesgo. Dar la bienvenida a un nuevo miembro de la familia, pagar una hipoteca o recibir una herencia son eventos que podrían cambiar nuestra capacidad de asumir el riesgo o indicar la necesidad de salvaguardar nuestros activos acumulados.

Ajustar nuestro enfoque de inversión a medida que la vida exige flexibilidad garantiza que nuestra cartera siga reflejando nuestra realidad actual y nuestros objetivos futuros. Esta gestión activa de la tolerancia y la transferencia del riesgo es similar a navegar: ajustamos ligeramente las velas, no porque haya cambiado la dirección del viento, sino porque nuestro destino puede haber cambiado.

El poder de la diversificación

Entender el concepto de diversificación en las carteras de inversión es muy parecido a crear una comida equilibrada, en la que cada parte aporta valor nutricional general sin que predomine ningún sabor en particular. Básicamente, la diversificación distribuye las inversiones en diferentes áreas y tipos de activos para gestionar el riesgo de forma eficaz. Si una inversión falla, otras pueden compensar el impacto, de forma similar a como tener una variedad de platos garantiza que una comida siga siendo satisfactoria incluso si un plato no resulta delicioso, como se esperaba.

La diversificación comienza por no poner todo su dinero en un solo tipo de inversión. Piense en ello como evitar el riesgo de apostar todo a un único resultado.

A continuación, le indicamos cómo puede abordarlo:

· Haga un balance de dónde ha invertido actualmente para identificar las concentraciones riesgosas.

· Amplíe sus inversiones para incluir una combinación de acciones, bonos y bienes raíces.

· Busque fondos mutuos o indexados, que son formas sencillas de distribuir su dinero en muchas inversiones.

El siguiente paso consiste en decidir cómo dividir sus inversiones entre categorías distintas, como acciones, bonos y bienes raíces, lo que se conoce como asignación de activos. Esta estrategia cambia en función del nivel de riesgo con el que se sienta cómodo y del tiempo que planee invertir.

Para abordar esto:

· Establezca metas claras y decida qué nivel de riesgo le parece adecuado.

· Distribuya sus inversiones de una manera que coincida con su nivel de riesgo, equilibrando entre opciones de mayor y menor riesgo.

· Esté atento a sus inversiones y ajústelas según cambien sus necesidades o las condiciones del mercado.

Si bien estas estrategias requieren una planificación cuidadosa, son cruciales para distribuir el riesgo y maximizar potencialmente los retornos a lo largo del tiempo. La diversificación no elimina el riesgo por completo, sino que lo distribuye, con el objetivo de lograr una trayectoria de inversión más estable y, con suerte, más rentable.

Es fundamental recordar que la diversificación necesita una revisión y un ajuste periódicos. A medida que las condiciones del mercado cambian y los objetivos personales evolucionan, es importante mantener su cartera alineada con sus objetivos y tolerancia al riesgo. El reequilibrio periódico ayuda a garantizar que no se concentre demasiado en una sola área o activo. La participación activa y los ajustes estratégicos son esenciales para mantener un enfoque diversificado.

En esencia, una diversificación exitosa consiste en encontrar el equilibrio perfecto entre distintos tipos de inversiones y distintos niveles de riesgo. Una cartera diversificada es fundamental para la estabilidad financiera. Adoptar la diversificación significa gestionar los riesgos de forma inteligente, no evitarlos por completo. El objetivo es ser cauteloso sin ser demasiado conservador. Aumentar la seguridad financiera a lo largo del tiempo implica sortear las incertidumbres financieras con una estrategia inteligente y bien planificada.

No existe una estrategia universal que se adapte a todos. La situación financiera, los objetivos y la comodidad con el riesgo de cada persona son diferentes, lo que exige un enfoque personalizado. Pero el principio de combinar diversos tipos de inversiones para mejorar las ganancias potenciales y controlar el riesgo es válido para todos. Destaca la importancia del equilibrio y la diversidad no solo en las finanzas, sino en todos los aspectos de la vida.

Cómo aprovechar las cuentas con ventajas fiscales

Explorar las cuentas de inversión con ventajas fiscales es como descubrir un camino secreto hacia un jardín donde la seguridad financiera crece con el tiempo. A través de vehículos como las cuentas IRA y los 401(k), los inversores pueden disfrutar de ventajas como retrasar los impuestos sobre su crecimiento. No se trata solo de reservar dinero para más adelante; se trata de planificar de manera inteligente para reducir sus facturas de impuestos, lo que ayuda a que sus ahorros aumenten aún más.

Profundicemos en las cuentas IRA (cuentas de jubilación individuales) y los 401(k). Son muy apreciadas por sus ventajas fiscales, que alientan a las personas a ahorrar para la jubilación.

A continuación, le indicamos cómo puede aprovechar al máximo estas cuentas:

· Decida si una cuenta tradicional o Roth se adapta mejor a su situación financiera.

· Piense en su nivel impositivo actual en comparación con lo que espera que sea durante la jubilación.

· Trate de aportar la cantidad máxima a la que no necesitará acceder para aprovechar al máximo los rendimientos de la inversión y el interés compuesto.

· Si su empleador iguala sus contribuciones al plan 401(k), asegúrese de contribuir lo suficiente para obtener la contribución total. Es como dinero gratis.

Si bien las cuentas IRA y 401(k) son fundamentales para reducir los impuestos, comprender los efectos más amplios de las diferentes cuentas de inversión puede dar forma a sus decisiones de inversión. Ser eficiente en términos impositivos significa saber cómo los impuestos afectan sus ganancias. No todas las inversiones están gravadas de la misma manera, por lo que alinear su cartera con activos fiscalmente inteligentes puede realmente aumentar sus ganancias con el tiempo.

El uso eficaz de las ventajas impositivas no solo es una estrategia de inversión inteligente; es una forma reflexiva de maximizar sus activos para generar seguridad financiera y lograr un éxito financiero duradero. La estrategia detrás de las inversiones fiscalmente inteligentes va más allá de ahorrar dinero; requiere una consideración cuidadosa de cómo cada decisión afecta sus impuestos ahora y en el futuro.

Al considerar las cuentas con ventajas impositivas y su uso eficaz, es fundamental no pasar por alto la toma de decisiones informada. Una comprensión profunda de estas cuentas sienta las bases para maximizar sus ganancias después de impuestos. Es importante saber cuándo y cuánto aportar, y las normas sobre los retiros. Además, elegir entre una cuenta tradicional o Roth es una decisión crucial, cada una con su propio conjunto de beneficios e implicaciones fiscales.

El uso de ventajas fiscales en sus inversiones es una búsqueda estratégica hacia el bienestar financiero. Se trata de algo más que simplemente ahorrar dinero; se trata de alinear esos ahorros con una planificación fiscal inteligente y opciones de inversión con visión de futuro.

La importancia de elegir opciones de inversión con ventajas fiscales se extiende más allá de la simple reducción de impuestos; influye profundamente en la dirección financiera de una persona. Al tomar decisiones bien informadas sobre dónde y cómo ahorrar, los inversores pueden mejorar en gran medida sus rendimientos de inversión, reforzando su salud y seguridad financiera general.

En resumen, adoptar cuentas de inversión con ventajas fiscales consiste en diseñar un viaje reflexivo e informado hacia la prosperidad. Este enfoque implica no solo una comprensión de las implicaciones fiscales de varios vehículos de inversión, sino también un esfuerzo proactivo por parte de los inversores para aprender a tomar decisiones que se ajusten a sus metas y objetivos financieros, adaptados a sus situaciones económicas únicas.

Seven
Planificación para la jubilación

Iniciar el viaje hacia la jubilación puede parecer como navegar en un barco sin un mapa. Las sorpresas de la vida, combinadas con los pormenores de la planificación de las finanzas, pueden hacer que alcanzar un futuro seguro parezca abrumador. A medida que nos acercamos a nuestros años de jubilación, el objetivo de vivir de forma independiente, sin preocupaciones financieras, se vuelve más importante. Sin embargo, determinar el camino correcto a seguir sin una guía clara puede ser difícil.

Uno de los principales obstáculos que enfrentan las personas no es solo ahorrar suficiente dinero; es comprender todos los elementos que afectan la estabilidad financiera a medida que envejecen. Factores como la inflación, los gastos de atención médica y los cambios en la cantidad de dinero que ganan pueden alterar fácilmente incluso los planes mejor trazados. Además, existe un malentendido común de que una vez que se ha comenzado un plan de jubilación, ya no es necesario verificarlo. Este mito puede generar un exceso de confianza, lo que hace que las personas pasen por alto la necesidad de ajustar sus planes a medida que sus circunstancias financieras, el clima económico y sus deseos personales cambian con el tiempo.

Cómo calcular sus necesidades de jubilación

Para calcular cuánto dinero necesitará una vez que se jubile, debe empezar por analizar detenidamente sus gastos actuales y luego calcular cómo podrían ser esos gastos en el futuro. Puede parecer sencillo a primera vista, pero en realidad exige que preste atención a los detalles. Comience por examinar sus gastos actuales, que abarcan desde los gastos de vivienda y alimentación hasta lo que gasta en diversión y atención médica. A continuación, piense en cómo podrían aumentar esos costos con el tiempo, teniendo en cuenta los cambios en el estilo de vida y el aumento esperado de los precios debido a la inflación.

La inflación actúa como un desafío oculto en la planificación de la jubilación; el valor del dólar de hoy simplemente no se mantendrá dentro de décadas. Una medida práctica para contrarrestar esto es aplicar tasas de inflación promedio a sus gastos actuales para obtener una estimación de los costos futuros. Sin embargo, es importante señalar que algunos costos, como la atención médica, pueden aumentar más rápido que la tasa general de inflación.

Por lo tanto, al hacer estos cálculos:

· Utilice las tendencias históricas de inflación como guía, pero ajuste sus cálculos en función de lo que sabe sobre sus propios hábitos de gasto.

· Aplique diferentes tasas de inflación a varias categorías de costos, siendo especialmente cauteloso con las predicciones de atención médica.

· Procure actualizar sus estimaciones periódicamente para que sigan siendo relevantes en medio de los cambios económicos.

Pero comprender los costos futuros va más allá de la mera especulación; implica comprender los gastos reales que conlleva la vida después de la jubilación. Esto va más allá de la vida cotidiana e incluye la atención médica, la participación en pasatiempos y, potencialmente, la atención a largo plazo. Estas áreas pueden ver los costos dispararse inesperadamente, afectando drásticamente la comodidad financiera durante los años de jubilación. Por ejemplo, aunque

Medicare cubre una parte de los gastos de atención médica, no los cubre todos, especialmente si existe una necesidad de servicios de atención a largo plazo.

Para planificar estratégicamente estos costos:

· Profundice en los detalles de los planes de atención médica que complementan Medicare

· Prevea los gastos anuales para actividades de ocio o viajes

· Analice el seguro de atención a largo plazo

Un plan de jubilación sólido también revisa todos los posibles flujos de ingresos. La seguridad social, las pensiones y los ahorros personales son pilares clave que respaldan su jubilación. Cada uno viene con su propio conjunto de reglas de acceso y potencial de crecimiento. Comprender los detalles de estos puede influir significativamente en su estrategia de jubilación. Por ejemplo, la cantidad que recibe de la Seguridad Social depende de sus ingresos a lo largo de los años y de cuándo decide comenzar a recibir los beneficios. Los planes de pensiones varían mucho según el empleador y los términos del contrato. Los ahorros personales en cuentas como 401(k) o IRA y la planificación estratégica son esenciales para un crecimiento fiscalmente eficiente.

Considere hacer lo siguiente:

· Obtenga una proyección actualizada de sus beneficios del Seguro Social directamente de la propia administración.

· Revise los detalles de su plan de pensión o coméntelos con un administrador para saber exactamente cuánto está dispuesto a recibir una vez que se jubile.

· Busque el asesoramiento de un planificador financiero para mejorar el crecimiento de sus ahorros y, al mismo tiempo, mantener los impuestos bajo control.

Pero elaborar un plan de jubilación no es algo que se hace de una sola vez. Los mercados cambian, las condiciones económicas cambian y las situaciones personales evolucionan. Lo que parece un plan perfecto ahora puede no ajustarse a sus necesidades dentro de varios años. Por lo tanto, revisar y ajustar periódicamente su estrategia de jubilación es vital para asegurarse de que se mantenga en sintonía con sus objetivos y sea lo suficientemente sólida para enfrentar desafíos imprevistos.

Utilice este enfoque metódico:

· Reserve tiempo cada año para revisar su plan financiero y evaluar qué tan cerca está de alcanzar sus metas o cifras de jubilación.

· Ajuste su ahorro o su enfoque de inversión en función de cualquier cambio en sus ingresos, gastos o las condiciones económicas generales.

· Manténgase al tanto de los cambios legislativos o de las modificaciones en las políticas de la Seguridad Social y otras variables que podrían influir en sus fondos de jubilación.

La elaboración de un plan de jubilación es similar a la construcción de un puente hacia una jubilación segura y placentera. Comienza con una base sólida de comprensión de sus necesidades financieras actuales y proyectadas. Incorpora un apoyo confiable en forma de diversas fuentes de ingresos y necesita controles y actualizaciones regulares para garantizar su durabilidad. Al abordar la planificación de la jubilación con una reflexión cuidadosa que combina el optimismo por sus años de jubilación con una visión práctica de los costos asociados, está allanando el camino hacia la libertad financiera. Este enfoque refleja una combinación de responsabilidad personal y reconocimiento de la importancia de planificar para circunstancias imprevisibles.

Cómo elegir las cuentas de jubilación adecuadas

Con opciones como 401(k), IRA tradicionales y Roth IRA disponibles, cada una ofrece su propio conjunto de beneficios adaptados a diferentes necesidades y objetivos financieros. Al principio, comprender estas cuentas puede parecer complejo, pero al profundizar en sus detalles, se revela cómo cada una puede respaldar de manera única su camino hacia la independencia financiera.

Al sumergirnos primero en el ámbito de las 401(k), esta opción es especialmente atractiva si trabaja para una empresa que iguala sus contribuciones, lo que esencialmente le proporciona fondos adicionales para su futuro sin costo adicional para usted. El efecto del interés compuesto sobre estas contribuciones a lo largo del tiempo es notable. Sin embargo, es importante tener en cuenta que la 401(k) tiene sus propios límites de contribución e implicaciones fiscales, lo que resalta la importancia de familiarizarse con estas reglas para aprovecharla al máximo.

Cuando cambiamos nuestro enfoque a las Cuentas de Jubilación Individual (IRA), encontramos dos tipos principales: Tradicional y Roth. Estas cuentas le brindan más control en comparación con los planes patrocinados por el empleador. Con una IRA tradicional, su inversión crece sin pagar impuestos, lo que significa que solo pagará impuestos al retirar su dinero, posiblemente con una tasa impositiva más baja durante la jubilación. Por el contrario, una IRA Roth ofrece crecimiento y retiros libres de impuestos porque las contribuciones se realizan después de pagar impuestos. La elección entre una y otra suele depender de comparar su tasa impositiva actual con la que espera que sea en el futuro.

Tenga en cuenta lo siguiente para determinar qué cuenta es la más adecuada para usted:

· Evalúe su situación financiera actual, incluidas las consideraciones sobre ingresos e impuestos.

· Piense en cuánto dinero necesitará cuando se jubile para tener una idea clara de su objetivo de ahorro.

· Analice cualquier contribución de su empleador al plan 401(k), así como los beneficios impositivos inmediatos de una IRA tradicional en comparación con las ventajas de la IRA Roth de retiros libres de impuestos en el futuro.

· Evalúe qué tan cómodo se siente al administrar las inversiones dentro de cada tipo de cuenta.

Tu decisión no se trata solo de buscar los mayores retornos o las mejores exenciones impositivas. La cantidad que tu empleador aporta a tu 401(k) también debería jugar un papel importante en tu proceso de pensamiento, al igual que la variedad de opciones de inversión que ofrece cada cuenta. Después de todo, cuanto más amplia sea la elección de inversión, más personalizada puede ser tu planificación de jubilación.

Un aspecto que a menudo se pasa por alto de las cuentas de jubilación es el impacto de las penalizaciones por retiro anticipado. Cada tipo de cuenta tiene sus reglas para acceder a tus fondos de manera anticipada, y algunas imponen penalizaciones y otras ofrecen más indulgencia. Por ejemplo, retirar dinero de un 401(k) o una IRA tradicional antes de cumplir 59 años y medio generalmente desencadena una penalización, a menos que califiques para una excepción. Mientras tanto, las IRA Roth son más flexibles con los retiros anticipados bajo condiciones específicas, lo que las hace atractivas para quienes priorizan el acceso y el crecimiento libre de impuestos.

Sin embargo, navegar por estos intrincados detalles generalmente requiere asesoramiento profesional. Un asesor financiero, un planificador fiscal o de jubilación puede ofrecer orientación personalizada en función de tu situación financiera, ayudándote a elegir la cuenta de jubilación más adecuada. Pueden diseñar estrategias que mejoren su capacidad de ahorro y mantengan bajos los impuestos, lo que garantiza un plan sólido para su futuro.

Elegir la cuenta de jubilación adecuada es algo más que una decisión sencilla.

<u>A continuación, le indicamos cómo abordar la búsqueda de la opción más adecuada para sus ahorros para la jubilación:</u>

· Compare las características, ventajas, limitaciones y regulaciones de cada opción de cuenta de jubilación.

· Considere cómo las contribuciones del empleador podrían aumentar sus ahorros en un 401(k).

· Reflexione sobre las consecuencias fiscales de las IRA tradicionales y Roth a la luz de sus circunstancias financieras actuales y esperadas.

· Trabaje con un asesor financiero para adaptar su planificación de jubilación, teniendo en cuenta aspectos como la diversidad de inversiones y las penalizaciones por retiro.

Al iniciarse en el mundo de las inversiones, especialmente con la vista puesta en la jubilación, es fundamental actuar con inteligencia distribuyendo el dinero entre distintos tipos de inversiones. Piense en esto como si no estuviera apostando todo a un solo caballo, sino que hubiera varios participantes en la carrera. Al invertir en una combinación de acciones, bonos, fondos mutuos y bienes raíces, no solo está buscando hacer crecer su dinero, sino también protegerse de los altibajos del mercado. Es como tener una red de seguridad: si una inversión baja, otra puede subir, lo que ayuda a equilibrar las cosas.

A continuación se ofrecen algunos consejos para saber cómo distribuir sus inversiones:

· Adapte sus inversiones a su nivel de riesgo y al tiempo que le queda antes de necesitar el dinero.

· Esté atento a cómo se comportan sus inversiones y asegúrese de que sigan alineadas con sus objetivos.

· Recuerde que, si bien distribuir sus inversiones puede ayudar a gestionar el riesgo, no lo elimina por completo.

La elección de la combinación adecuada de inversiones debe reflejar lo que le resulte cómodo, cuándo necesitará el dinero y sus sueños financieros. Si la jubilación está muy lejos, es posible que no le importe aprovechar las olas de volatilidad del mercado con la esperanza de obtener mayores recompensas en el futuro. Por otro lado, si la jubilación está a la vuelta de la esquina, es posible que priorice mantener lo que tiene a salvo en lugar de perseguir grandes ganancias.

A continuación le presentamos una hoja de ruta para adaptar sus inversiones:

· Descubra cuánta volatilidad puede tolerar en sus inversiones.

· Defina cómo quiere que sea su jubilación en términos financieros para determinar con precisión cómo deben crecer sus inversiones.

· Tenga en cuenta cuántos años le quedan hasta la jubilación para decidir qué tan audaz o cauteloso debe ser con sus inversiones.

Aprovechar las opciones de ahorro para la jubilación que ofrecen ventajas fiscales, como las rentas vitalicias y los fondos indexados, puede ser un cambio significativo para aumentar sus ahorros. Las rentas vitalicias prometen un flujo de efectivo constante durante la jubilación y los fondos indexados de bajo costo son una forma económica de sumergirse en un amplio segmento del mercado. Ambos vienen con trucos fiscales que pueden aumentar la tasa de crecimiento de sus ahorros. Por ejemplo, las rentas vitalicias hacen crecer su dinero libre de impuestos hasta que comience a retirarlo, lo que posiblemente lo coloque en una categoría impositiva más baja cuando se jubile. Los fondos indexados están diseñados para mantener bajos los impuestos al reducir la cantidad de transacciones sujetas a impuestos.

Para aprovechar al máximo estos beneficios fiscales, aquí hay algunas estrategias:

· Considere agregar anualidades no calificadas a su estrategia de jubilación para tener un ingreso confiable más adelante.

· Considere invertir dinero en fondos indexados a través de cuentas de jubilación como Roth IRA o 401(k) para mejorar sus ganancias después de impuestos.

· Hablar con un profesional de impuestos o un planificador financiero podría ayudarlo a ajustar la eficiencia impositiva de sus selecciones de inversión de acuerdo con su plan de jubilación a largo plazo.

Desarrollar el hábito de revisar y ajustar su combinación de inversiones podría implicar:

· Un control anual que compare su desempeño financiero con sus aspiraciones de jubilación y realice los ajustes necesarios.

· Mantenerse al tanto de las tendencias económicas mundiales para comprender su posible impacto en sus inversiones.

· Avanzar gradualmente hacia inversiones menos riesgosas a medida que se acerca la jubilación para proteger el dinero que tanto le costó ganar.

La combinación de estas estrategias revela la esencia de tomar decisiones estratégicas e informadas para una jubilación económicamente segura. Mediante una preparación cuidadosa, una toma de decisiones inteligente y una evaluación constante de la cartera, está allanando el camino para un fondo de jubilación que no solo sobreviva con el tiempo, sino que prospere, ofreciéndole tranquilidad y estabilidad en sus años dorados.

Gestión de los costes sanitarios durante la jubilación

Comprender la importancia de prepararse para los gastos de atención médica como parte de la planificación de la jubilación es fundamental para lograr la libertad financiera. No se trata solo de calcular cuánto necesitará para vivir, sino también de considerar el costo de la atención médica, que tiende a aumentar a medida que envejecemos. Una medida inteligente es pensar en diversas situaciones en las que los costos de la atención médica podrían aumentar debido a la creciente inflación o a un seguro que no cubre tanto como esperaba. Esto significa obtener una comprensión sólida de las posibles necesidades de atención médica. Comience por analizar sus gastos médicos actuales y proyectándolos hacia el futuro, teniendo en cuenta la inflación. Consulte las tendencias pasadas en la inflación de los costos médicos para hacer una estimación cuidadosa y sus efectos en sus planes financieros.

Antes de jubilarse, es esencial analizar sus opciones de seguro médico. Medicare brinda cobertura básica, pero no cubrirá todo. Aquí es donde entran en juego las pólizas de salud adicionales y el seguro de atención a largo plazo. Estas otras pólizas pueden cubrir lo que Medicare no cubre, lo que ofrece la tranquilidad de saber que está protegido contra costos médicos inesperados. El seguro de atención a largo plazo es particularmente importante para cubrir servicios de atención médica extendidos, como atención domiciliaria o vida asistida. Analizar todas estas opciones puede resultar abrumador, por lo que comenzar esta tarea con anticipación le permitirá tener tiempo suficiente para sopesar los pros y los contras de cada plan. Al comparar sus necesidades con la cobertura disponible, podrá tomar las decisiones que mejor se adapten a su situación.

Incorporar los gastos de atención médica en su presupuesto general para la jubilación es crucial. Este enfoque garantiza que no solo se concentre en los gastos de ocio o del día a día, sino que también se prepare para posibles emergencias médicas o problemas de salud continuos. Reservar dinero específicamente para la atención médica actúa como una red de seguridad financiera, evitando que los gastos médicos inesperados derriben sus planes de jubilación. Establezca una sección dedicada en su presupuesto para los costos relacionados con la salud. Esté atento a esta área y realice los ajustes necesarios debido a los cambios en la salud, la inflación en la atención médica o las modificaciones de la póliza que puedan afectar su cobertura y costos de seguro.

El último paso es buscar el asesoramiento de expertos en atención médica y finanzas. Elaborar un plan completo para administrar los gastos de atención médica requiere conocimientos que van más allá de lo que la mayoría de las personas conoce. Un asesor financiero puede dar forma a su estrategia de inversión para cubrir los costos de atención médica, lo que garantiza que sus ahorros también respalden su estilo de vida en la jubilación. De la misma manera, hablar con un experto en seguros puede revelar los mejores productos de seguros y estrategias para maximizar la cobertura y minimizar los costos de bolsillo. Ver estas consultas como inversiones en lugar de gastos puede ser crucial para su bienestar financiero y su tranquilidad a medida que envejece.

Cómo garantizar una jubilación próspera

En este capítulo, hemos explorado los pasos esenciales para asegurar un futuro financieramente independiente a medida que envejecemos. Hemos cubierto todo, desde comprender lo que necesitará en el futuro y manejar los gastos de atención médica, hasta elegir los mejores planes de jubilación y diseñar movimientos de inversión inteligentes. Cada pieza del rompecabezas es crucial para crear un camino financiero sólido hacia sus años de jubilación.

Comenzamos destacando la importancia de tener una idea clara de dónde se encuentra financieramente hoy y qué podría necesitar mañana. Ahora, al concluir este debate, está claro que lograr la estabilidad financiera en la jubilación requiere visión de futuro y la capacidad de adaptarse con el tiempo, sin importar su situación actual.

Eight
Conceptos básicos de seguros

La vida está llena de sorpresas, no todas agradables ni asequibles. Por eso existen los seguros. Piense en los seguros como una red de seguridad para cuando la vida da un giro inesperado en el camino. Es más que solo papeleo y procesos; los seguros ofrecen una capa de protección contra los eventos impredecibles que podrían descarrilar su estabilidad financiera. Ya sea una enfermedad repentina, un desastre natural o un simple accidente automovilístico o doméstico, estos incidentes pueden afectar significativamente nuestras finanzas. La tranquilidad de saber que hay un plan de respaldo listo si las cosas salen mal es verdaderamente invaluable para usted y su familia. En esencia, los seguros actúan como un protector, listo para amortiguar los golpes que da la imprevisibilidad de la vida. Debemos aceptar y no ignorar la probabilidad de muerte prematura, discapacidad, accidente o enfermedad. Dependiendo de GoFundMe, el gobierno u otros, que juegan con su futuro. Los seguros deben usarse para transferir casi cualquier riesgo de pérdida que pueda dañar sus planes financieros.

Comprender los entresijos de los seguros puede parecer como resolver un rompecabezas complejo. Con tantos tipos de pólizas disponibles, que cubren todo, desde salud y hogar hasta automóviles y la vida misma, puede resultar difícil saber por dónde empezar. Elegir la cobertura de seguro adecuada es crucial, pero puede resultar abrumador. Muchas personas se encuentran estancadas, sin saber cómo sopesar sus riesgos o proteger sus activos sin pagar demasiado en primas o escatimar en la cobertura necesaria. Es fácil perderse en los detalles, ya sea pagando más seguro del que se necesita o no teniendo suficiente, dejando riesgos importantes sin abordar. Este acto de equilibrio entre no tener suficiente cobertura y sobreasegurarse es un desafío al que muchas personas se enfrentan todos los días.

Esta sección tiene como objetivo aclarar la confusión que rodea a los seguros, ofreciendo una guía sencilla para quienes buscan protegerse a sí mismos y a sus familias de los problemas financieros. Profundizaremos en la importancia de comprender los diferentes tipos de seguros, el valor de encontrar el nivel de cobertura adecuado y cómo comparar varias pólizas de manera eficaz. Al simplificar estos aspectos, esperamos proporcionar una hoja de ruta para navegar por los seguros con confianza. Nuestro objetivo es no solo educar, sino también empoderar a nuestros lectores, brindándoles las herramientas que necesitan para tomar las decisiones que mejor se adapten a sus circunstancias personales y financieras. Si bien muchos de nosotros podemos hacerlo todo por nuestra cuenta, siempre es una buena idea consultar con un profesional experimentado que pueda realizar una prueba de esfuerzo y ofrecer una segunda opinión.

Comprender los diferentes tipos de seguros y sus propósitos

En un mundo lleno de sorpresas, el seguro de vida brilla como un faro de esperanza. Piense en él no solo como una póliza, sino como una promesa de mantener a sus seres queridos seguros y económicamente seguros incluso cuando usted no esté cerca. Se trata de valorar la vida en lugar de obsesionarse con la idea de la muerte. Esta promesa garantiza que aquellos que nos importan puedan seguir viviendo sus vidas, saldar sus deudas y alcanzar sus sueños sin nuestra presencia física. Si bien ningún seguro puede aliviar el dolor de perder a alguien, proporciona una red de seguridad financiera durante los tiempos difíciles. Es una señal de ser reflexivo sobre el futuro, que muestra la importancia de planificar con cuidado y compromiso.

Al pasar de la idea de salvaguardar nuestras vidas a cuidar de nuestra salud, el seguro médico se convierte en un amortiguador esencial. En tiempos en los que las facturas médicas pueden dispararse, tener un seguro médico es como tener una red de seguridad lista para protegerlo. Pero es más que solo manejar los gastos; se trata de tranquilidad. Cuando la enfermedad o la lesión llaman a la puerta, el seguro médico significa que puede concentrarse en mejorar sin estresarse por los costos. También nos anima a tomar medidas preventivas, como chequeos regulares, para evitar posibles problemas de salud de raíz. Al compartir el riesgo entre muchas personas, el seguro de salud hace que la atención integral sea una realidad para todos, lo que resalta el poder de la comunidad para apoyar la salud de cada persona.

A medida que avanzamos en la vida, a menudo en nuestros autos, el seguro de automóvil se convierte en un actor clave. Hace más que cubrir las reparaciones después de un accidente; es un vínculo de confianza entre la sociedad y los conductores. Protege no solo al propietario del automóvil, sino también a todos los demás en la carretera. El seguro de automóvil reconoce que, si bien podemos controlar nuestras acciones, no podemos predecirlo todo. Ayuda a administrar el impacto financiero de los accidentes repentinos, lo que garantiza un apoyo justo para todos los involucrados. Este tipo de seguro resalta lo conectados que estamos y la importancia de cuidarnos unos a otros, especialmente cuando se trata de estar en movimiento.

El concepto de hogar es mucho más que solo paredes y un techo: se trata de los recuerdos y valores que apreciamos. El seguro de hogar protege este lugar especial contra la imprevisibilidad de la naturaleza y los errores humanos. Desde daños por tormentas hasta robos o accidentes en su propiedad, el seguro de hogar actúa como un escudo que ayuda a los propietarios a recuperarse. No se trata solo de dinero, se trata de que la vida vuelva a la normalidad cuando ocurren eventos inesperados. Este seguro enfatiza la necesidad de ser resilientes, alentándonos a estar preparados y adaptables ante los desafíos.

Al explorar los seguros, está claro que la personalización es clave. El seguro no es una cuestión de talla única. Cada persona tiene necesidades únicas en función de su estilo de vida, familia, posesiones y riesgos. Elegir las pólizas de seguro adecuadas implica observar de cerca estos factores únicos y elegir la protección que se adapte a las preocupaciones personales. Saber qué cubre su seguro y qué no es vital. Esto evita sorpresas cuando llega el momento de reclamar y resalta la importancia de estar informado. Estar equipado con conocimientos permite a las personas tomar decisiones que protegen su bienestar y seguridad financiera.

En última instancia, el seguro se erige como un símbolo de nuestro cuidado y apoyo colectivos. Muestra una sociedad que valora la previsión, la responsabilidad y la ayuda mutua. A través de distintos tipos de seguros (de vida, de salud, de automóvil y de hogar) compartimos la carga de los contratiempos individuales, lo que permite la resiliencia. Cada tipo tiene su papel en una red de protección, que equilibra la independencia con la ayuda de la comunidad, y nos recuerda que, aunque recorremos nuestro camino solos, prosperamos uniéndonos y protegiéndonos unos a otros.

Cómo encontrar la cobertura adecuada para sus necesidades de Seguro

Comprender los seguros puede parecer una tarea complicada, pero en realidad se trata de protegerse de las sorpresas financieras. El primer paso es analizar detenidamente los riesgos y las situaciones hipotéticas que podrían desbaratar sus finanzas. Es más que un simple vistazo rápido; implica examinar cuidadosamente cómo estos giros inesperados podrían afectar su vida personal y financiera.

He aquí una forma sencilla de hacerlo:

· Haz una lista de las áreas de tu vida en las que podrían surgir gastos inesperados, como emergencias médicas, daños en la casa o problemas legales.

· Piensa en la probabilidad de cada riesgo y en cuánto podría afectar tu bolsillo.

· Decide qué riesgos son los más críticos para tu salud financiera.

· No subestimes el riesgo de muerte prematura de algún miembro de tu familia.

No se trata solo de enumerar los problemas potenciales. Es un paso esencial para crear un colchón financiero que satisfaga sus necesidades específicas, lo que le dará tranquilidad y una sensación de control sobre los giros y vueltas impredecibles de la vida.

A medida que avanza en la vida, factores como su edad, salud, activos y objetivos financieros futuros influyen enormemente en el tipo de seguro que necesita. Lo que tiene sentido para una persona soltera de 25 años es bastante diferente de las necesidades de una persona de 50 años con una familia y activos considerables.

Para descubrir qué funciona mejor para usted:

· Considere su salud y estilo de vida actuales. ¿Cómo podrían afectar su necesidad de seguro médico o de vida hoy o en el futuro? Asegure la cobertura lo antes posible.

· Haga un inventario de sus posesiones e inversiones para ver qué necesita proteger.

· Defina claramente sus planes financieros para el futuro cercano y lejano, asegurándose de que su estrategia de seguros coincida con ellos.

No se trata solo de satisfacer las necesidades inmediatas, sino también de planificar el futuro. El seguro debe adaptarse a los cambios de su vida y convertirse en una parte clave de su estrategia financiera general.

La vida sigue avanzando y trae consigo cambios grandes y pequeños. Por eso es necesario mantener sus pólizas de seguro actualizadas. Puede que no suene emocionante, pero es crucial. Establezca un horario regular, tal vez una o dos veces al año, para revisar su seguro con un profesional y realice una prueba de estrés considerando cualquier cambio importante en su vida, <u>como:</u>

· Un cambio en su trabajo o en sus ingresos que afecte su red de seguridad financiera.

· Cambios en su situación familiar, como casarse o tener un bebé, que aumenten sus responsabilidades y riesgos financieros.

· Grandes compras o ventas, especialmente de propiedades, que cambien lo que necesita proteger y asegurar.

Ajustar su seguro no se trata solo de aumentar la cobertura. A veces, puede encontrar oportunidades de reducir algunas partes, ahorrando dinero en primas. Es como podar un árbol: cortar lo necesario y cuidar lo que es importante, asegurando un crecimiento sólido y duradero.

Enfrentarse al complejo mundo de los mercados de seguros significa que la toma de decisiones inteligentes a menudo requiere asesoramiento de expertos. Trabajar con profesionales de seguros le permite acceder a conocimientos especializados sobre la cobertura y los ajustes adecuados a medida que avanza en la vida.

Al buscar un experto o corredor de seguros:

· Elija a alguien con experiencia, respetado y que sea sincero sobre cómo se le remunera, ya sea por honorarios o comisiones.

· Prepare preguntas específicas relacionadas con sus necesidades y deseos para aprovechar al máximo su experiencia.

· Considere obtener opiniones de más de un profesional para obtener una visión integral.

Buscar el asesoramiento de un corredor de seguros no consiste en posponer decisiones, sino en equiparse con la información y los conocimientos necesarios para tomar decisiones que realmente lo ayuden. El seguro consiste fundamentalmente en transferir el riesgo de usted a una aseguradora, a cambio de una tarifa o prima. Asegurarse de que este cambio se adapte a su perspectiva personal y financiera es vital para su tranquilidad y seguridad financiera.

Explorar los seguros no consiste simplemente en marcar una casilla en su plan financiero. Es un camino para comprender y gestionar los distintos riesgos que enfrentamos. Al evaluar juiciosamente sus necesidades, alinear su protección con sus etapas de vida, revisar regularmente sus pólizas y buscar asesoramiento experto, el seguro pasa de ser un costo a una protección estratégica de activos en su arsenal financiero. Este cambio de perspectiva, de ver el seguro como una carga de gastos inevitable a valorarlo como un aspecto crucial de la salud y la seguridad financieras, es clave para construir un futuro financiero sólido y seguro.

Comparación de pólizas de seguro para tomar decisiones informadas

Para entrar en el mundo de los seguros, primero hay que echar un vistazo a las opciones disponibles. Al igual que ocurre con la búsqueda de una buena oferta o la opción adecuada, este paso no consiste únicamente en elegir la opción más barata que haya en el mercado, sino en analizar en profundidad el conjunto de posibilidades que ofrece cada compañía de seguros. Todas ofrecen su propia combinación de opciones de cobertura que pueden ser perfectas para lo que necesitas o ni siquiera estar cerca de serlo.

He aquí una forma sencilla de abordarlo:

· Comience por determinar exactamente qué cobertura necesita, ya sea para su hogar, automóvil, salud, vida o seguro de cuidados a largo plazo.

· Comuníquese con un puñado de compañías de seguros de primera línea o utilice una herramienta en línea que compare cotizaciones y disposiciones de seguros.

· Asegúrese de comparar niveles similares de cobertura, como asegurarse de buscar los mismos modelos antes de comprar un automóvil y comparar costos.

Este método no solo ofrece una vista panorámica del mercado, sino que también establece una base sólida para tomar una decisión que le resulte satisfactoria. Imagine que está buscando un automóvil: no compraría el primer automóvil que vea sin ver qué más hay en el mercado, ¿verdad?

A medida que avanzamos, es fundamental analizar en profundidad los detalles de la póliza. Aspectos como los deducibles, las primas, las limitaciones de cobertura y las exclusiones se convierten en factores clave para comprender lo que realmente está obteniendo. Por ejemplo, una prima más baja puede parecer buena en el papel, pero si viene con un deducible alto, es posible que termine pagando más de su bolsillo si necesita presentar una reclamación.

Entonces, esto es lo que hay que hacer a continuación:

· Analice detenidamente los deducibles, ya que pueden influir significativamente en el monto que podría terminar pagando en caso de un reclamo.

· Considere cómo se comparan las primas con los niveles de cobertura y los deducibles. A veces, pagar un poco más en primas puede ayudarlo a ahorrar más adelante.

· No se detenga solo en los números; explore qué está cubierto y qué no, incluidos los beneficios adicionales.

Leer reseñas y escuchar lo que otros tienen para decir sobre sus experiencias con los seguros puede arrojar luz sobre el tipo de servicio y asistencia que ofrecen los diferentes proveedores. Este aspecto humano es crucial, ya que refleja experiencias reales con reclamos y servicio al cliente.

Combinar pólizas de seguro, o agruparlas, es otra opción que vale la pena explorar. Muchas compañías ofrecen descuentos cuando obtienes más de un tipo de seguro a través de ellas, como combinar el seguro de hogar y el de automóvil. Esta estrategia puede reducir los costos y facilitar la gestión de tus pólizas.

Al considerar la posibilidad de agrupar productos, recuerde lo siguiente:

· Vea qué paquetes de pólizas tiene su proveedor de seguros actual, junto con los descuentos.

· Asegúrese de que los paquetes de pólizas no comprometan la calidad de la cobertura y satisfagan todas sus necesidades.

· Aprecie tener un único punto de contacto para múltiples pólizas, lo que puede simplificar tanto los procesos administrativos como los de reclamos.

Sin embargo, mientras presta atención a los precios y la conveniencia, no olvide evaluar la reputación y la solidez financiera de la compañía de seguros. Las finanzas son importantes para todos, para usted y para quienes contrate y con quienes trabaje. Quiere una aseguradora que sea sólida financieramente, capaz de cumplir con los reclamos sin dudarlo.

Para tener una mejor idea de la confiabilidad de una aseguradora, considere lo siguiente:

· Busque calificaciones independientes sobre la solidez financiera de las aseguradoras.

· Examine las opiniones de los consumidores para medir los reclamos y los niveles de satisfacción del servicio.

· Investigue cualquier escándalo pasado o problemas legales relacionados con reclamos u otros aspectos de su negocio que puedan generar señales de alerta.

Al seguir estos pasos, su objetivo va más allá de simplemente encontrar un seguro. Su objetivo es la tranquilidad que le brinda saber que sus finanzas se mantendrán estables sin importar las sorpresas que le depare la vida. Para tomar decisiones acertadas en materia de seguros, es necesario comparar a fondo, evaluar detalladamente las pólizas, sopesar los pros y los contras de las pólizas combinadas y realizar una investigación rigurosa sobre los antecedentes de la aseguradora.

En esencia, la búsqueda del seguro adecuado es similar a la de cualquier inversión importante en la vida. Requiere una reflexión cuidadosa, esfuerzo y una estrategia que equilibre los beneficios inmediatos con el bienestar a largo plazo. Al tomar un camino marcado por una investigación exhaustiva y una reflexión reflexiva, las personas se posicionan para afrontar las incertidumbres financieras con confianza.

Comprender los deducibles y las primas de seguros para una cobertura rentable

Comprender cómo funcionan en conjunto los deducibles y las primas es fundamental para cualquier persona que desee administrar su seguro de manera inteligente. Piénselo de esta manera: elegir un deducible más alto generalmente significa que pagará menos cada mes o año por su seguro. Por otro lado, significa que perderá más dinero antes de que su seguro intervenga para cubrir los costos si tiene que presentar una reclamación. Hay que lograr un equilibrio y es necesario pensarlo bien.

Vamos a desglosar cómo abordar esto:

· Conozca el valor de lo que está asegurando y cómo afecta su deducible.

· Evalúe honestamente la frecuencia con la que podría necesitar usar su seguro.

· Analice su situación financiera actual. ¿Qué costo inicial puede afrontar sin que le cause estrés?

· Considere cuánta tranquilidad significa para usted. A veces, pagar un poco más por un deducible más bajo vale la pena por el bien de vivir sin preocupaciones y sin sorpresas.

De ahora en adelante, es esencial comprender mejor cómo afectan estas opciones a su billetera, especialmente cuando se trata de lo que paga de su bolsillo. No se trata solo de conocer los números, sino de comprender qué significan esos números para su salud financiera. Por ejemplo, si casi nunca presenta reclamos y puede afrontar el pago más alto en caso de que lo necesite, optar por un deducible alto para ahorrar en primas tiene sentido. Sin embargo, si un evento inesperado lleva a un reclamo que afecta su presupuesto con un deducible alto, cualquier ahorro en la prima puede no parecer tan beneficioso después de todo.

El nivel de comodidad de cada persona con el riesgo y su capacidad financiera influyen en gran medida en encontrar el equilibrio adecuado. La situación financiera y la tolerancia al riesgo de cada persona son diferentes. Algunas personas pueden ver el seguro médico como una necesidad por si acaso y prefieren mantener los costos bajos eligiendo deducibles altos y primas bajas. Otras pueden apuntar a reducir los costos de bolsillo durante emergencias, eligiendo deducibles más bajos aunque eso signifique pagar primas más altas.

Para saber dónde se encuentra, considere lo siguiente:

· Analizar su presupuesto mensual para determinar cuánto puede pagar de manera realista por las primas.

· Evaluar su fondo de emergencia y sus ahorros. Si tiene un buen colchón, es posible que no le importe pagar una franquicia más alta y una prima mensual más baja.

· Reflexionar sobre cuánto riesgo está dispuesto a asumir.

Dado que las situaciones financieras y las actitudes hacia el riesgo cambian, es una buena idea revisar y ajustar periódicamente su seguro. Los cambios en la vida, como casarse, comprar una casa o recibir una herencia, pueden cambiar drásticamente su panorama financiero y sus necesidades. Asimismo, los cambios en el mercado o las nuevas ofertas de las aseguradoras pueden presentar mejores opciones.

Para estar al tanto de todo, piense en:

· Establecer una revisión anual y una prueba de resistencia de sus pólizas de seguros.

· Realizar un seguimiento de las tendencias del mercado de seguros y de cualquier cambio legislativo que pueda influir en sus primas, opciones de cobertura o necesidad de más seguros.

· Ser consciente de sus necesidades cambiantes.

Encontrar el equilibrio adecuado entre deducibles y primas no consiste solo en llegar a un acuerdo, sino en asegurarse de que su seguro lo proteja eficazmente contra crisis financieras repentinas de una manera que sea asequible. El objetivo es preservar su seguridad financiera, garantizando que un evento inesperado no socave su estabilidad financiera ni lo haga arrepentirse de sus elecciones de seguro.

Estrategias clave para navegar entre opciones de seguros

En este capítulo, nos hemos adentrado en el mundo de los seguros. Hemos hablado de todo, desde la protección tranquilizadora del seguro de vida hasta el respaldo financiero esencial que ofrecen los seguros de salud, de automóvil y de hogar. Hemos visto cómo estos distintos tipos de seguros actúan como pilares de estabilidad cuando nos enfrentamos a lo inesperado en la vida. Comprender sus necesidades personales para determinar la cantidad adecuada de cobertura es crucial, al igual que la planificación cuidadosa necesaria para una base financiera sólida.

Comenzamos con la idea básica de que el seguro actúa como un escudo contra reveses financieros imprevistos. Este viaje nos ha recordado lo importante que es estar preparado. Ha puesto de relieve la decisión inteligente de adaptar su cobertura de seguro a las fases cambiantes de su vida. Esto implica encontrar el equilibrio adecuado entre lo que paga regularmente (primas) y lo que paga de su bolsillo en caso de un incidente (deducibles), con el objetivo de lograr una seguridad rentable. Lograr este equilibrio subraya el valor de tomar decisiones que sean adecuadas para usted, en función de su propia situación y aspiraciones.

Al pensar en los pasos que debe dar para alcanzar la sensatez financiera, queda claro que el seguro no solo consiste en reducir o transferir riesgos, sino también en aprovechar las oportunidades para lograr tranquilidad y estabilidad. A mayor escala, esta perspectiva fomenta una cultura de apoyo colectivo y fortaleza duradera.

Nine
Generación y gestión de crédito

Administrar su crédito es muy parecido a cultivar un jardín. Requiere tiempo, cuidado, un poco de conocimiento y apoyo. Sin estos, podría terminar encontrando obstáculos en lugar de cosechar recompensas. El crédito es una llave que puede abrir muchas puertas, ofreciendo oportunidades y ventajas. Sin embargo, conlleva su propio conjunto de responsabilidades. Si se utiliza de manera inteligente, puede ser una gran ayuda para su salud financiera y los recursos disponibles para usted. Por otro lado, si lo maneja mal, puede atraparlo en un ciclo del que es difícil salir.

La verdadera prueba no es solo conseguir crédito, sino manejarlo con habilidad. En nuestro mundo financiero moderno, las calificaciones crediticias juegan un papel importante en la definición de cómo interactuamos con los prestamistas. Mantener una calificación crediticia saludable es crucial, pero para muchos, esto se siente como una batalla cuesta arriba. Atrasarse en los pagos, usar demasiado del crédito disponible o ignorar su informe crediticio puede dañar permanentemente su reputación financiera. Estos errores a menudo se deben a que no comprendemos completamente cómo funciona el dinero y el crédito y sus efectos en nuestra situación crediticia. Esta sección de nuestro libro tiene como objetivo aclarar la confusión que rodea a las puntuaciones de crédito y cómo gestionarlas de forma eficaz. Estamos trazando un camino claro para ayudarle a navegar por el mundo del crédito con mayor facilidad.

Al abordar los malentendidos más comunes y señalar las mejores formas de comportarse financieramente, aprenderá a formar hábitos crediticios positivos, a controlar sus informes crediticios y a mejorar su puntuación crediticia con el paso del tiempo. Además, le guiaremos para evitar los errores crediticios típicos, lo que le permitirá tomar decisiones que refuercen sus objetivos financieros. Este viaje le proporcionará las herramientas esenciales para una gestión crediticia inteligente, allanando el camino hacia un futuro financiero más estable.

Establecer buenos hábitos crediticios

Desarrollar buenos hábitos crediticios es como sentar las bases para un futuro financieramente estable. No se trata solo de tener una buena calificación crediticia; se trata de demostrarles a los prestamistas que eres confiable y digno de confianza, lo que puede abrir muchas oportunidades financieras en el futuro. Un gran primer paso en esta dirección es asegurarte de pagar tus facturas a tiempo. Esta acción es clave, ya que afecta en gran medida tu historial crediticio, una gran parte de cómo se calcula tu calificación crediticia. Para simplificar este proceso, piensa en organizar pagos automáticos, antes de la fecha de vencimiento, para tus facturas en curso. De esta manera, eliminas la posibilidad de no cumplir con las fechas de vencimiento y te aseguras de que tus pagos sean siempre puntuales.

Pero administrar tus pagos de facturas es solo una parte del rompecabezas. Otra táctica importante es mantener bajos el uso y los saldos de tu tarjeta de crédito. Si bien puede ser tentador usar tu límite de crédito al máximo, mostrar moderación demuestra madurez y control financiero. Idealmente, quieres mantener tu utilización de crédito, la cantidad de tu crédito disponible que estás usando, por debajo del 30%. Mantenerse por debajo de este porcentaje envía una señal positiva a los acreedores de que no depende demasiado del crédito, lo que es bueno para su puntaje crediticio. Controlar sus gastos y ajustar su presupuesto para mantener sus saldos dentro de este rango es una decisión inteligente.

Además, es fundamental revisar regularmente su informe crediticio. Piense en su informe crediticio como su currículum financiero; muestra cómo maneja la deuda y realiza los pagos. Al revisar su informe crediticio con frecuencia, puede encontrar y corregir cualquier error o actividad no autorizada que pueda afectar negativamente su puntaje crediticio. Gracias a la ley federal, todos tienen derecho a un informe crediticio gratuito de cada una de las tres principales agencias de crédito cada año a través de www.AnnualCreditReport.com una herramienta que todos deberían usar. Detectar y corregir errores a tiempo ayuda a evitar obstáculos en su camino hacia la construcción de un crédito sólido.

Además, adquirir el hábito de realizar pagos puntuales mediante la configuración del pago automático, antes de la fecha de vencimiento, puede mejorar en gran medida su situación financiera. Asegurarse de pagar los préstamos, tarjetas de crédito y otras facturas a tiempo le ayuda a evitar cargos por pagos atrasados y a cultivar un sólido historial de pagos, que es un factor importante en su puntaje crediticio. Configurar pagos automáticos suele ser sencillo, ya que la mayoría de los bancos y acreedores permiten retiros automáticos de su cuenta, lo que le permite pagar sus facturas sin problemas.

Mantenerse al día con los pagos de facturas y mantener una baja tasa de utilización del crédito son fundamentales para administrar su crédito de manera eficaz. Estas acciones muestran a los prestamistas que usted es financieramente responsable, lo que conduce a mejores tasas de interés y condiciones de préstamo.

Crear un historial crediticio positivo es una maratón, no un sprint. Lleva tiempo, un gasto sensato y un seguimiento constante de sus finanzas. Al adoptar estas prácticas, no solo está mejorando su puntaje crediticio, sino que está abriendo puertas a oportunidades financieras que lo ayudarán a alcanzar sus ambiciones personales y financieras.

Como lo destacan estudios recientes y autoridades financieras, se ha demostrado que mantener estos hábitos financieros mejora las calificaciones crediticias de las personas y su participación económica general. El impacto de la prudencia financiera se extiende más allá de los números. Mejora su capacidad para conseguir hipotecas con tipos de interés favorables, obtener tipos de interés más bajos en los préstamos e incluso puede afectar a las perspectivas laborales y las primas de seguros en algunos casos. Por ello, es fundamental reconocer la importancia de estos hábitos para establecer un futuro financiero estable.

Monitoreo regular de informes crediticios

En el mundo financiero actual, es fundamental controlar los informes crediticios. Es la clave para obtener préstamos y buenas tasas de interés, y lo protege de la amenaza cada vez mayor del robo de identidad. Lo más importante es que verificar su crédito con regularidad lo ayuda a detectar errores o cualquier actividad sospechosa de manera temprana, lo que mantiene sus finanzas seguras y le brinda tranquilidad.

Considere revisar su informe crediticio todos los años como un chequeo de salud para sus finanzas. Le permite encontrar información inexacta o cosas que no autorizó, como que alguien haya abierto una cuenta a su nombre. Este tipo de errores pueden dañar su puntaje crediticio. Para evitar estos problemas, debe obtener un informe crediticio gratuito cada año de las tres principales agencias. De esta manera, se asegura de que solo se cuente la verdadera historia de cómo maneja su dinero.

Aquí te explicamos cómo hacerlo:

· Visite

www.AnnualCreditReport.com
que es el único sitio aprobado por la ley federal para este propósito.

· Revise cuidadosamente cada informe crediticio para ver si hay algo que no parezca correcto, como transacciones o cuentas que no reconozca.

· Si encuentra un error, comuníquese con las agencias de crédito de inmediato para iniciar una disputa.

Al principio, puede resultar abrumador comprender cuánto crédito utiliza y los efectos de las verificaciones de crédito, pero conocer estas cosas lo ayudará a tomar decisiones más inteligentes con su dinero. El índice de utilización del crédito, que compara el crédito que está utilizando con su límite de crédito total, debe mantenerse bajo. A los prestamistas les gusta esto porque demuestra que tiene buena reputación crediticia. Por otro lado, si tiene muchas consultas de crédito, los prestamistas pueden pensar que tiene problemas financieros. Por lo tanto, administre su crédito de manera inteligente.

Comenzar a verificar su puntaje crediticio puede parecer difícil, pero convertirlo en parte de su rutina financiera es como establecer un sistema de alerta temprana para su salud crediticia. De esta manera, puede solucionar pequeños problemas antes de que se conviertan en grandes problemas. Comprenderá mejor cómo sus acciones afectan su puntaje crediticio y estará listo para corregir cualquier problema rápidamente.

El auge de los servicios gratuitos de monitoreo de crédito ha hecho que sea más fácil que nunca controlar su crédito. Estos servicios lo alertan sobre nuevas cuentas, cambios en su crédito o posible fraude, actuando como un guardián de su seguridad financiera. Sin embargo, es esencial elegir un servicio confiable que mantenga sus datos seguros y proporcione actualizaciones correctas.

Qué buscar en un servicio:

· Elija un servicio de monitoreo de crédito que le avise sobre nuevas cuentas, cambios de saldo y posibles fraudes.

· Asegúrese de que el servicio verifique las tres agencias de crédito principales.

· Lea reseñas y busque recomendaciones de fuentes de asesoramiento financiero confiables para elegir un servicio confiable.

Revisar regularmente sus informes y puntajes crediticios es vital no solo para protegerse contra el robo de identidad, sino también para mantener un perfil crediticio sólido. Esta práctica lo hace más atractivo para los prestamistas, lo que le permite obtener mejores condiciones cuando lo necesita. En esta era digital, donde nuestra información personal está expuesta constantemente, ser disciplinado en la gestión crediticia es crucial para respaldar la seguridad financiera.

Al adoptar estos hábitos, enfrentamos el complejo mundo financiero armados con conocimiento. No somos solo espectadores; somos participantes activos que planifican nuestro futuro financiero y mejoran la sabiduría económica de nuestra familia y comunidad. Nuestros esfuerzos contribuyen a una cultura donde todos comprenden la importancia de la salud financiera, allanando el camino hacia el empoderamiento y la estabilidad económicos generalizados.

Mejorar la puntuación crediticia

Mejorar su puntaje crediticio puede parecer tan difícil como encontrar el camino a través de una red compleja de autopistas. Cada camino ofrece diferentes caminos que conducen a oportunidades para obtener mejores acuerdos financieros. La clave de este viaje es tomar medidas proactivas para administrar su deuda y cómo utiliza el crédito, lo que afecta en gran medida la rapidez y la fluidez con la que viaja.

En primer lugar, abordar la deuda pendiente es crucial. Va más allá de simplemente pagar lo que debe; se trata de reducir inteligentemente su relación deuda-ingreso. Este aspecto que a menudo se pasa por alto es vital para demostrar que es una buena apuesta para los prestamistas. Por lo tanto, comience por pagar las deudas con intereses altos para reducir el monto total que debe en deudas costosas. Además, mantener bajos los saldos de su tarjeta de crédito demuestra que está usando el crédito de manera inteligente, lo que aumenta sus posibilidades de obtener una mejor puntuación y una mejor tasa de interés. Piense en ello como asegurarse de tener suficiente gasolina para el viaje sin sobrecargar su vehículo con demasiado peso que reducirá la eficiencia del combustible.

La apertura de nuevas cuentas de crédito debe hacerse con cautela. Cada vez que solicita crédito, puede reducir ligeramente su puntaje. Si abre varias cuentas rápidamente, estas pequeñas caídas pueden acumularse y afectar negativamente su puntaje crediticio. Es como plantar demasiadas semillas juntas en un jardín: en lugar de ayudar, podría obstaculizar el crecimiento. Por lo tanto, ser paciente y estratégico sobre cuándo y por qué solicita un nuevo crédito es clave para fomentar un puntaje crediticio saludable.

Hablar con los acreedores a menudo puede revelar soluciones que no creía posibles. Ya sea que elabore un plan de pago o acepte un monto diferente, tener conversaciones abiertas con los acreedores puede llevar a acuerdos beneficiosos para ambos. Estas conversaciones pueden ajustar la forma en que se informan sus deudas, lo que facilita su camino para mejorar su puntaje crediticio.

Contar con la ayuda de servicios de asesoramiento crediticio puede traer un navegador experto a su recorrido financiero. Estos profesionales ofrecen asesoramiento personalizado, estrategias a medida y recursos educativos para reforzar sus habilidades de gestión crediticia sin costo. Al igual que un guía experimentado hace que los territorios desconocidos parezcan menos intimidantes, los asesores crediticios ayudan a comprender los informes y puntajes crediticios, despejando el camino para tomar decisiones más inteligentes. La adopción de las medidas proactivas descritas anteriormente no solo mejora su puntuación crediticia, sino que también establece una base financiera más sólida. Este esfuerzo dinámico demuestra que, con el enfoque adecuado, la paciencia y, a veces, la negociación, es posible lograr un mejor crédito. Emprender este viaje trae consigo recompensas que van más allá de los simples números de un informe.

Es fundamental comprender cómo sus acciones afectan su puntuación crediticia. Desde los pagos puntuales hasta la diversidad de su uso del crédito, cada decisión desempeña un papel en la salud de su crédito. Mejorar una puntuación crediticia consiste en establecer hábitos financieros fiables que los prestamistas tendrán en cuenta al ofrecer más crédito a tipos de interés más bajos.

La adopción de estas prácticas no solo aumenta sus posibilidades de obtener préstamos favorables, sino que también abre las puertas a una gestión eficaz de sus finanzas. Una puntuación crediticia más alta puede desbloquear beneficios como recompensas en efectivo con tarjetas de crédito, viajes gratis, tasas de seguro más bajas e incluso mejores perspectivas laborales.

Recuerde que gestionar el crédito es una tarea continua. Al igual que las condiciones cambiantes de la carretera, su situación financiera puede cambiar y cambiará. Revisar regularmente su informe crediticio, ajustar su estrategia según sea necesario y mantenerse actualizado sobre las mejores prácticas le ayudará a mantener su puntaje crediticio como un reflejo de su diligencia financiera.

Lograr y mantener un puntaje crediticio sólido mediante una planificación cuidadosa, un gasto disciplinado y un esfuerzo constante se convierte no solo en un objetivo alcanzable, sino en una realidad permanente. Este proceso continuo de mejora y precaución resuena con el objetivo más amplio de alcanzar el bienestar financiero y la independencia, una aventura que vale la pena emprender por la libertad y las oportunidades que le brinda a usted y a su familia.

Cómo evitar los errores crediticios más communes

Mantener una buena calificación crediticia y comprender bien el dinero son pasos clave para desbloquear más oportunidades financieras. Sin embargo, muchas personas caen en trampas comunes que dañan su salud financiera, limitando sus posibilidades de que les ofrezcan buenas condiciones de préstamo y acceso a límites de crédito más altos.

Un error común es aceptar ser codeudor de préstamos. Puede parecer que le está haciendo un favor a un hijo, amigo o familiar al ayudarlos a obtener un préstamo, pero las consecuencias pueden ser graves. Cuando es codeudor, se vuelve igualmente responsable de pagar el préstamo incluso si desaparecen o mueren. Si no se realizan los pagos, su calificación crediticia también se verá afectada. En lugar de ser codeudor, podría ayudarlos de otras maneras, como enseñarles a administrar mejor sus finanzas, hacer un presupuesto o mejorar su propio crédito para que no necesiten un codeudor. De esta manera, protege sus propias finanzas y los alienta a ser responsables con las suyas.

Otra trampa es usar al máximo sus tarjetas de crédito. Si utiliza demasiado de su crédito disponible, los prestamistas pueden pensar que es probable que no pueda pagar sus deudas, lo que reducirá considerablemente su puntuación crediticia y posiblemente aumentará el interés de las deudas y préstamos existentes. Una buena práctica es mantener el uso y la utilización de su crédito por debajo del 30 % de la deuda renovable total. Esto no solo ayuda a mantener su puntuación crediticia saludable, sino que también significa que no está estirando demasiado sus finanzas, lo que lo prepara para gastos inesperados.

Muchos caen en las tentadoras ofertas de las empresas de reparación de crédito que prometen soluciones rápidas para los problemas crediticios. La mayoría de las veces, estas no son efectivas e incluso pueden empeorar las cosas. El verdadero camino para mejorar su crédito implica paciencia, pagos puntuales de facturas, reducción de la deuda y administración de su uso de crédito.

También es esencial conocer sus derechos bajo las leyes de protección al consumidor para protegerse contra prácticas crediticias injustas. Estar informado sobre estas leyes le brinda la confianza para navegar por el sistema crediticio de manera efectiva. Por ejemplo, saber que los prestamistas no pueden discriminarlo en función de su estado civil, género, religión o si sus ingresos incluyen asistencia pública es clave para recibir un trato justo. Si sigue estos pasos, podrá evitar errores crediticios comunes y tomar decisiones que mejoren su salud financiera. Reconocer los riesgos de firmar préstamos como cosignatario, las trampas de utilizar al máximo el crédito de las tarjetas, las falsas esperanzas que ofrecen las estafas de reparación de crédito y la importancia de conocer sus derechos como consumidor sienta una base sólida para administrar bien su crédito. Esto le abre la puerta a mejores oportunidades financieras y le permite manejar sus finanzas personales con confianza.

Estrategias para una gestión crediticia eficaz

En esta sección del libro, profundizamos en el mundo de la gestión del crédito y su papel vital para garantizar un futuro financieramente próspero. Todo comenzó con establecer los fundamentos: se destacó la importancia de pagar las facturas a tiempo y mantener bajos los saldos de nuestras tarjetas de crédito como clave para ser financieramente responsable. Luego exploramos la necesidad de verificar regularmente nuestros informes crediticios para detectar errores a tiempo y prevenir el robo de identidad, un paso crucial para proteger nuestra salud financiera.

Además, analizamos estrategias efectivas para mejorar nuestras calificaciones crediticias, centrándonos en administrar nuestras deudas de manera inteligente y usar nuestro crédito de manera sensata. Además, destacamos varias trampas que se deben evitar en la gestión de nuestro crédito, ofreciendo información sobre cómo eludir errores comunes que podrían impedir nuestro progreso financiero.

Desde el principio, señalamos que la capacidad de administrar nuestro crédito de manera efectiva es la columna vertebral para desbloquear oportunidades financieras y asegurar condiciones que funcionen a nuestro favor. Con esta base sólida, está claro que desarrollar estos hábitos hace más que simplemente mejorar nuestras finanzas personales; Actúa como catalizador de un mayor compromiso y estabilidad económicos.

Para quienes deseen mejorar su comprensión de los asuntos financieros y hacerse cargo de su futuro económico, adoptar los principios establecidos en esta sección es fundamental para formar parte de una comunidad en la que las oportunidades y la seguridad financieras sean fácilmente accesibles para todos.

Ten
Independencia financiera

La independencia financiera es una meta y un objetivo que exige mucho más que un momento oportuno favorable, suerte o una gran herencia, todo lo cual sería aceptado y apreciado, pero muy poco probable. La verdadera independencia y seguridad financiera requiere fuentes de ingresos variadas y constantes, rendimientos positivos de las inversiones, crédito sólido y experiencias lo suficientemente sólidas como para sobrevivir a los cambios impredecibles de la economía. En su búsqueda de la libertad, muchos se encuentran divididos entre el impulso de una vida emocionante hoy llena de pasión y libertad contra el atractivo de la seguridad financiera y la comodidad en el futuro. Puede tener un poco de ambas cosas si es paciente después de planificar y posicionarse para el éxito.

Los obstáculos para alcanzar este ansiado equilibrio son complejos. Por un lado, está el obstáculo de ir más allá del modelo de un solo ingreso, que alguna vez fue confiable pero ahora cada vez más inestable. Este desafío se amplifica en el panorama económico actual, que cambia rápidamente. Por otro lado, está la formidable tarea de descifrar y aprovechar la amplia gama de oportunidades para crear múltiples flujos de ingresos. Para muchas personas, la idea de equilibrar la iniciativa empresarial, estrategias de inversión inteligentes y un trabajo extra mientras intentan mantener un equilibrio saludable entre el trabajo y la vida personal puede parecer insuperable. Esta complejidad pone de relieve la necesidad urgente de tomar medidas y hacer la transición de la dependencia financiera a la independencia financiera.

Diversificación de los flujos de ingresos

Iniciar un negocio secundario o trabajar como freelance no es solo una cuestión de sumarse a la tendencia. Es un paso real hacia la estabilidad financiera y la libertad. Para muchos, convertir sus habilidades o pasatiempos en un negocio secundario hace más que aumentar su saldo bancario; aporta satisfacción y pasión a su vida profesional.

Para comenzar este viaje con éxito, esto es lo que puede considerar:

· Primero, ¿cómo venderá y comercializará su idea y solución?

· Determine en qué es bueno o qué le encanta hacer y que podría generar dinero.

- Ya sea escribir, diseñar gráficos, enseñar salsa o dar clases particulares en línea en su área de especialización, hay algo para todos.

- Luego, investigue el mercado. Es fundamental saber quién podría querer sus servicios y qué necesidades puede satisfacer.

· Luego, piense en cómo administrará y hará crecer su negocio.

· Decida cómo fijará el precio de sus servicios o productos y descubra las mejores formas de llegar a sus futuros clientes y brindarles servicio.

- Una estrategia de marketing inteligente debe incluir la creación de un sitio web, familiarizarse con las redes sociales y la creación de redes.

Mejorar y hacer crecer sus ingresos no se trata solo de dedicar más horas. Los flujos de ingresos pasivos, como los dividendos de las acciones o las ganancias de las propiedades en alquiler, también pueden reforzar su seguridad financiera sin su participación constante. Antes de sumergirse en la inversión en el mercado de valores o en el sector inmobiliario, asegúrese de informarse y comprender los conceptos básicos. Toda actividad emocionante puede ser complicada y arriesgada, por lo que el conocimiento temprano es su mejor defensa.

Busque las opiniones de los expertos. Los consejos y las preguntas y respuestas de inversores experimentados y propietarios de empresas exitosas en el campo elegido pueden ayudarlo a evitar errores y afinar su estrategia. Recuerde que la carrera se gana con lentitud y constancia. Comience con poco y aumente gradualmente su actividad y la inversión de tiempo y dinero. La paciencia y la resiliencia son sus aliados en la búsqueda del crecimiento, el éxito y la independencia a largo plazo. Esté atento a cómo van las cosas y esté listo para seguir adelante con paciencia o ajustar sus planes cuando sea necesario. Los mercados y la economía cambian, y tus estrategias, tácticas y planes también pueden cambiar.

La economía informal ofrece otra vía para ganar dinero extra. El uso de plataformas como Airbnb, Uber, Lyft o aplicaciones de entrega de comida puede adaptarse bien a un estilo de vida flexible. Pero, adentrarse en este campo requiere un poco de investigación y preparación. Elige una actividad informal que se adapte a tus recursos y a tu forma de vida. Ya sea que se trate de llevar a gente a cualquier parte, recibir viajeros o entregar paquetes, asegúrate de que sea adecuada para ti.

Ten en cuenta los aspectos legales e impositivos. Cada lugar tiene diferentes reglas y seguirlas es clave para evitar problemas futuros. Piensa en cuánto tiempo y energía estás dispuesto a invertir y comprometer. Si bien la economía informal es flexible, maximizar sus beneficios a menudo significa hacer un esfuerzo sustancial. Apunta a la excelencia en el servicio y la satisfacción del cliente. Busca reseñas honestas que puedan mejorar tu crecimiento, tus ganancias y tu satisfacción.

Convertir tus pasatiempos o habilidades en un ingreso a través de plataformas en línea o mercados locales combina ganancias con disfrute.

Aquí te contamos cómo empezar:

· Descubre qué habilidad o pasatiempo tuyo podría ser objeto de pago para la gente.

o Desde artesanías hasta programación, existe un mercado para casi todo. Encuentra el lugar adecuado para vender tus creaciones o servicios. Etsy, eBay y YouTube son algunas de las muchas opciones disponibles, según lo que hagas.

· Interactúa con tu audiencia y hazla crecer.

o Escuchar las opiniones de los clientes y los comentarios de tus compañeros puede ofrecer información valiosa y ayudarte a mejorar lo que ofreces.

Este camino hacia la independencia implica educación continua, aprendizaje, flexibilidad y el coraje de probar cosas nuevas que podrían fallar. Sin embargo, es fundamental equilibrar la búsqueda de ingresos adicionales con una vida placentera y satisfactoria. La verdadera independencia financiera no se trata solo de acumular seguridad financiera; se trata de tener la libertad de seguir tus pasiones y disfrutar de una vida plena llena de recuerdos y experiencias con pocos remordimientos por no haber actuado antes.

El objetivo final aquí es dotar a las personas de los conocimientos y las herramientas necesarias para la autosuficiencia financiera. Al combinar esfuerzos activos con inversiones pasivas, las personas pueden crear vidas en las que las preocupaciones financieras no limiten sus opciones, lo que les permite explorar lo que realmente les brinda alegría y significado.

Invertir para obtener ingresos pasivos

La creación de una cartera de inversiones equilibrada con una combinación de acciones que pagan dividendos, bonos y fideicomisos de inversión inmobiliaria (REIT) es similar a la construcción de una casa financiera. Este enfoque consiste en construir un colchón resistente que se mantenga firme frente a los flujos y reflujos del mercado, al tiempo que garantiza un flujo constante de ingresos pasivos. El primer paso es sumergirse en el mercado de valores y buscar empresas reconocidas por sus dividendos fiables. Concéntrese en empresas arraigadas en sectores indispensables, ya que estas áreas suelen tener una demanda constante.

Busque pagos de dividendos estables:

· Busque en el mercado de valores empresas que paguen dividendos de manera constante.

· Busque bonos conocidos por sus retornos fijos y estables.

· Considere la posibilidad de invertir en REIT para obtener acceso a ganancias inmobiliarias básicas.

Al abordar el tema de los REIT, es esencial destacar su importancia y riesgo. Estas entidades recaudan fondos de los inversores para comprar bienes raíces en grandes cantidades y, por ley, deben distribuir la mayor parte de sus ganancias imponibles a sus accionistas. Esta estipulación legal posiciona a los REIT como una opción atractiva para cualquiera que busque un ingreso regular de los bienes raíces, sin las complejidades de la administración de propiedades individuales y el riesgo asociado de una mala elección y falta de diversificación.

A medida que continuamos estableciendo los conceptos básicos de nuestra cartera de inversiones, la integración de la tecnología se convierte en una consideración clave para fomentar el crecimiento financiero a largo plazo. Recurrir a los asesores robotizados o los servicios de inversión automatizados puede simplificar y agilizar significativamente este proceso. Estas plataformas emplean algoritmos avanzados para adaptar su estrategia de inversión, adaptándose tanto a la dinámica cambiante del mercado como a sus ambiciones financieras personales.

Si dirigimos nuestra atención a una estrategia que defiende la resistencia, el método de comprar y mantener subraya la importancia de comprar activos de buena reputación y mantenerlos durante períodos prolongados. Esta táctica tiene como objetivo asegurar ingresos consistentes a través de dividendos o intereses, junto con la posible apreciación de estos activos a medida que pasa el tiempo.

Para construir seguridad financiera gradualmente:

· Concéntrese en adquirir activos con un historial de rendimiento comprobado.

· Evite el impulso de vender y, en lugar de eso, compre más durante breves caídas del mercado.

· Esté atento a los movimientos del mercado a largo plazo y recalibre su cartera en consecuencia.

Al abordar el tema de aumentar la seguridad financiera, la reinversión de los dividendos y los intereses obtenidos de nuestras inversiones se destaca como una herramienta potente. Elegir volver a depositar automáticamente estas ganancias en la compra de más activos activa el poder de la capitalización. Con el tiempo, este enfoque de reinversión puede elevar significativamente tanto el valor de su cartera como su capacidad para generar ingresos pasivos.

Para crear un flujo de ingresos:

· Inscríbase en planes de reinversión de dividendos (DRIP) si están disponibles.

· Utilice las ganancias por intereses para ampliar la diversidad de su cartera.

· Revise constantemente su cartera para asegurarse de que siga alineada con sus objetivos.

Lograr la libertad financiera a través de emprendimientos de ingresos pasivos es un viaje, no una carrera de velocidad. Requiere una estrategia cautelosa y comprometida, que enfatice el cultivo y la diversificación de su cartera de inversiones, aproveche la tecnología para refinar el proceso y fomente una perspectiva orientada al largo plazo. Además, la incesante reinversión de ganancias aprovecha la capitalización para reforzar su seguridad financiera, acercándolo poco a poco a la cima de la autosuficiencia financiera. Esta ruta no solo nos permite abrazar una vida de mayor libertad, sino que también sienta las bases para un futuro duradero que resuene con nuestras aspiraciones y valores, lo que nos permite perseguir lo que realmente enciende nuestra pasión sin vernos obstaculizados por limitaciones financieras.

En mi papel como defensor acérrimo de la construcción de una red de seguridad destinada a apoyar y proteger a las personas y las familias, considero que la búsqueda de la independencia financiera a través de flujos de ingresos pasivos no solo es atractiva sino indispensable a medida que maduramos. Se trata de lograr un equilibrio armonioso entre la responsabilidad personal y el aprovechamiento al máximo de las herramientas y tecnologías existentes para alcanzar nuestros objetivos financieros. En una era marcada por el riesgo y la oportunidad, debemos tomar medidas y aprovechar las herramientas que nos brindan un camino sencillo para mejorar la fortaleza económica individual y colectiva de la familia.

Elaboración de un presupuesto sostenible

Comprender el presupuesto, del capítulo anterior, y cómo funciona el dinero es un poco como aprender cómo funciona un auto nuevo y qué puede hacer para que conducir sea más fácil y mejor. Imagínese descubrir, después de una breve búsqueda, que los mejores supermercados, hospitales y parques no están tan lejos como pensaba. De manera similar, cuando llevamos un registro de nuestros gastos y los clasificamos en categorías distintas, nos ayuda a aprender y ver a dónde va nuestro dinero, a encontrar los puntos que pesan más en nuestro bolsillo y a determinar dónde podemos recortar. Es fácil usar herramientas o aplicaciones de presupuesto para retocar sus finanzas. Estos prácticos compañeros digitales nos permiten ver cómo se desarrollan nuestros patrones de gasto en vivo, lo que hace que sea más fácil navegar por nuestro panorama financiero mensual.

Si esto suena abrumador, aquí le mostramos cómo hacerlo sencillo:

· Elija una herramienta o aplicación de presupuesto que se adapte a su estilo de vida y sea fácil de usar.

· Comience por agrupar sus gastos en categorías amplias, como vivienda, comida, diversión, etc., y luego entre en más detalles a medida que se familiarice con el tema.

· Adquiera el hábito de sentarse una vez al mes a repasar sus gastos por categoría, prestando atención a cualquier cosa inusual o inesperada.

Cuando pasamos de un simple seguimiento a una gestión efectiva de nuestro dinero, elaborar un presupuesto se convierte en algo así como trazar el rumbo de un barco en el océano. Significa dirigir nuestros fondos de manera que no solo nos permitan seguir adelante, sino que también nos ayuden a avanzar hacia las metas que soñamos. Esta forma reflexiva de gestionar nuestro dinero nos impulsa a separar lo imprescindible de lo deseable y a centrarnos en nuestras metas más importantes, ya sea ahorrar para casarnos, formar una familia, comprar una casa, invertir en educación o en la jubilación.

<u>Aquí te mostramos un camino para elaborar un presupuesto que cumpla con tus sueños:</u>

· Tenga en claro qué quiere lograr pronto y en qué está trabajando en general.

· Analice detenidamente lo que gana en comparación con sus facturas habituales para evaluar cuánto margen de maniobra tiene para alcanzar estos sueños.

· Divida su presupuesto de modo que canalice dinero hacia estos objetivos, dando máxima prioridad a los más cruciales.

Sin embargo, las aguas de las finanzas siempre están fluyendo. Los cambios en los ingresos y las ganancias, las facturas inesperadas o los nuevos acontecimientos en nuestras vidas significan que debemos seguir ajustando nuestros presupuestos. Mantenernos flexibles nos permite ajustar nuestras velas financieras para aprovechar cualquier nueva oportunidad o desafío, lo que garantiza que nos mantenemos fuertes frente a las mareas del cambio. Revisar nuestro presupuesto regularmente nos asegura que seguimos en el camino correcto, adaptándonos sin problemas a lo que la vida nos depare.

Un enfoque inteligente para mantener un presupuesto equilibrado es similar a mantener una dieta equilibrada: piense en la regla 50/30/20 como la alineación de su ingesta financiera de necesidades, deseos y ahorros, similar a cómo equilibraría los carbohidratos, las proteínas y las verduras para un plan de alimentación saludable. Aquí, la mitad de sus ingresos, el 50%, se destina a los elementos esenciales que mantienen su vida cotidiana funcionando sin problemas, como el alquiler, los servicios públicos, la comida, el transporte y los ahorros automáticos. El siguiente treinta por ciento, el 30%, se destina a disfrutar de la vida, de las comidas fuera de casa, de los hobbies, del ocio y de los viajes. El veinte por ciento restante, el 20%, se reserva para placeres saludables, pero con moderación. Esta sencilla guía ofrece un plan práctico y adaptable para gestionar el dinero, garantizando así que se cubran las necesidades actuales y se ahorre para el futuro y se disfrute el presente.

Poner en práctica la regla 50/30/20 significa:

· Calcular sus ingresos netos para saber exactamente cuánto puede destinar a necesidades, deseos y ahorros.

· Controlar sus gastos en estas categorías para asegurarse de que se ciñe al plan.

· Si es necesario, ajuste sus gastos reduciendo los deseos para aumentar sus ahorros.

Comenzar el camino hacia la libertad financiera implica tomar medidas conscientes para aprender a administrar nuestras finanzas de manera inteligente. Si vigilamos de cerca nuestros gastos, creamos un presupuesto que refleje nuestras ambiciones, ajustamos continuamente nuestra estrategia financiera para que coincida con los cambios constantes de la vida y empleamos un enfoque equilibrado para administrar nuestros ingresos, allanamos el camino hacia la independencia financiera.

Alcanzar la libertad financiera significa que puedes dejar atrás la rutina habitual de 9 a 5 para hacer lo que amas, sin preocupaciones financieras. ¿La clave para abrir esta puerta? No se trata solo de guardar dinero en efectivo; implica un enfoque reflexivo y planificado de tu estilo de vida futuro y de los giros y vueltas económicos que pueden surgir.

La esencia de este capítulo se reduce a un concepto simple pero poderoso de generar múltiples fuentes de ingresos, invertir y ahorrar de manera inteligente y elaborar un presupuesto sostenible. Todos podemos encaminarnos hacia la independencia financiera. Este empoderamiento nos otorga la libertad de perseguir nuestras pasiones más profundas sin que las preocupaciones financieras nos lo impidan. EspañolLe da a cada persona la oportunidad de seguir sus sueños libremente, sin el estrés de tener dinero sobre sus cabezas. Hemos analizado más de cerca la importancia de diversificar la forma en que ganamos dinero y administrar de manera inteligente tanto nuestros ingresos activos como pasivos.

El impacto de tomar decisiones informadas sobre nuestras finanzas es más claro que nunca. Esta historia sirve como un estímulo para aquellos que no solo aspiran a sobrevivir, sino a prosperar en medio de los desafíos económicos que enfrentamos hoy. Es un llamado a la acción para cualquiera que vea el verdadero valor de comprender mejor las finanzas. Una vida rica en satisfacción personal y profesional requiere planificación, preparación, posicionamiento y, sobre todo, paciencia.

Comprender y aplicar este conocimiento no solo nos ayuda individualmente, sino que tiene el poder de afectar la estabilidad económica y comunitaria en general. Al adoptar estas estrategias, no solo estamos asegurando nuestro propio futuro financiero, sino que también estamos sentando las bases para el avance colectivo y la resiliencia de la próxima generación.

Eleven
Cómo generar riqueza

Emprender un viaje para aumentar su seguridad financiera y asegurar su futuro financiero puede parecer una tarea abrumadora. Sin embargo, comprender las estrategias adecuadas puede acelerar significativamente su progreso hacia el logro de la estabilidad financiera y la prosperidad. Este capítulo se adentra en diversos enfoques que hacen más que simplemente aumentar su saldo bancario; sientan una base sólida para un futuro estable y próspero. Explorar las vastas oportunidades que ofrece la inversión inmobiliaria, el emocionante mundo de iniciar su propio negocio y el reflexivo mundo de los planes de inversión a largo plazo revela los beneficios, riesgos y obstáculos únicos de cada camino. La búsqueda de la seguridad financiera no se trata solo de reunir más dinero, sino de crear una carrera y un futuro prósperos y sostenibles que duren para siempre.

Sin embargo, recorrer los intrincados caminos de la seguridad financiera y la felicidad no es una tarea fácil. El viaje está plagado de desafíos, desde las oscilaciones impredecibles de los mercados y las complejas regulaciones de inversión hasta las tendencias económicas generales inciertas. Para muchos, estos factores introducen un nivel de riesgo, suerte y tiempo que puede resultar intimidante e impredecible. La vacilación a la hora de lanzarse a invertir o emprender proyectos empresariales suele deberse al miedo a lo desconocido y a la posibilidad de sufrir pérdidas económicas o estrés. Sin la formación, los conocimientos y el apoyo adecuados, podemos encontrarnos estancados, incapaces de avanzar en la búsqueda de la libertad financiera. Hay ayuda disponible.

El poder de la inversión inmobiliaria

Iniciar su aventura en la inversión inmobiliaria implica mucho más que simplemente comprar propiedades. Es un movimiento estratégico para acumular seguridad financiera y garantizar que su futuro financiero esté asegurado. Los bienes raíces brillan como una forma confiable de hacer crecer la riqueza generacional, gracias al potencial de ingresos pasivos continuos provenientes del alquiler de propiedades y el valor creciente de estas propiedades con el tiempo y las transferencias con ventajas fiscales. Muchas personas se sienten atraídas por los bienes raíces porque es algo que se puede tocar y sentir, y ofrece una sensación de control sobre sus inversiones que es bastante diferente de la naturaleza a menudo intangible e impredecible de las acciones u otros activos financieros.

El primer paso para aprovechar los bienes raíces para generar seguridad financiera y riqueza es comprender su poder para generar un flujo constante de ingresos pasivos. Poseer propiedades en alquiler puede ser un componente clave de su estrategia de inversión, ya que le brinda un flujo de efectivo regular mientras se concentra en otras partes de su vida u otras inversiones. Este flujo de ingresos pasivos no solo mejora su estabilidad financiera, sino que también crece con el tiempo y desempeña un papel importante en la acumulación de seguridad financiera. Sin embargo, lograr el éxito requiere esfuerzo y un poco de buena suerte y oportunidad. Se requiere una investigación de mercado exhaustiva para encontrar propiedades que generen buenos alquileres en comparación con sus costos de compra y operación. Determinar qué constituye una buena propiedad para alquilar es crucial. Las propiedades en áreas de alquiler de alta demanda, con consideraciones sobre la condición, el potencial de aumento de alquiler y los aspectos legales del alquiler y el uso de la propiedad, deben ser el foco.

La inversión inmobiliaria se extiende más allá de los beneficios inmediatos de los ingresos por alquiler. El aumento en los valores de las propiedades es un factor importante en la creación de riqueza a largo plazo. Con el paso de los años, las propiedades bien elegidas pueden revalorizarse significativamente, lo que aumenta su base de activos y su patrimonio neto general. Este aspecto se alinea con el objetivo de establecer un futuro financiero estable y seguro. La apreciación de la propiedad se ve afectada por las tendencias del mercado, los desarrollos de la ubicación y cualquier mejora de capital realizada en la propiedad. Aunque es menos predecible y controlable que los ingresos por alquiler, la apreciación puede mejorar notablemente el rendimiento general de su inversión.

Otra ventaja de agregar bienes raíces a su cartera de inversiones es la diversificación. Al invertir en diversos tipos de activos, puede reducir los riesgos vinculados a la volatilidad del mercado. El mercado inmobiliario suele moverse de forma diferente a los mercados bursátiles, lo que actúa como una protección durante las crisis económicas. Diversificarse dentro del propio sector inmobiliario, al aventurarse en diversos tipos de propiedades y ubicaciones, ayuda a protegerse contra caídas localizadas y lo posiciona para beneficiarse de las áreas de crecimiento.

No obstante, sumergirse en la inversión inmobiliaria requiere una planificación y preparación cuidadosas. Los pasos esenciales antes de cualquier inversión incluyen algo de educación y una investigación de mercado exhaustiva. Este proceso implica analizar las condiciones del mercado, verificar el estado de la propiedad, comprender las leyes de zonificación y estimar las ganancias potenciales frente a los gastos con precisión. Comprometerse con una debida diligencia exhaustiva puede ayudar a mitigar riesgos como costos de reparación imprevistos, problemas de vacantes e inquilinos y cambios en la dinámica de riesgo del mercado.

A continuación se presentan algunos pasos prácticos para una investigación y diligencia debida eficaces:

· Realice un análisis de mercado en profundidad para evaluar la oferta y la demanda local, centrándose en las regiones con un crecimiento prometedor.

· Inspeccione la propiedad con cuidado para descubrir posibles costos ocultos o problemas que puedan afectar la rentabilidad.

· Familiarícese con el marco legal y regulatorio relacionado con la propiedad y la administración de propiedades en alquiler en el área.

· Cree un modelo financiero integral que incluya todos los costos esperados y los ingresos proyectados para evaluar la viabilidad de la inversión.

La inversión inmobiliaria, con su potencial de generar ingresos pasivos, revalorización y diversificación, y transferencia de riqueza a lo largo de generaciones, ofrece una opción poderosa para quienes buscan aumentar su seguridad e independencia financiera. Sin embargo, para aprovechar esta oportunidad se requiere planificación estratégica, investigación y dedicación para gestionar primero los riesgos y desafíos, y luego aprovechar los importantes beneficios disponibles.

Desbloquear la seguridad financiera a través del emprendimiento

Aventurarse en el mundo empresarial es un camino apasionante para generar riqueza y lograr la independencia financiera. No se trata solo del dinero;

iniciar tu propio negocio significa que estás a cargo, convirtiendo una idea en algo real y próspero, lo que genera una profunda sensación de satisfacción, autonomía y significado mucho más allá del éxito financiero.

Al principio, es esencial comprender los fundamentos del espíritu empresarial. El éxito no se trata solo de una gran idea, tener suerte, tener buenas relaciones o un buen momento. Depende de todo eso, además de tu creatividad, trabajo duro y una sólida comprensión de cómo funciona el dinero y el mercado.

<u>A continuación se indican algunos pasos para comenzar:</u>

· Identifique qué hace que su negocio sea diferente y mejor que la competencia.

· Comprométase de todo corazón a hacer crecer su negocio vendiendo y comercializando constantemente para lograrlo.

· Siga aprendiendo sobre su industria para mantenerse a la vanguardia de las tendencias y ajuste su enfoque según sea necesario con la ayuda de amigos y asesores.

Sin embargo, emprender este viaje conlleva una buena dosis de obstáculos y riesgos. El emprendimiento no es un camino de rosas; está lleno de desafíos que ponen a prueba tu resiliencia, determinación y compromiso. Pero estos obstáculos no son callejones sin salida. En realidad, son lecciones valiosas disfrazadas. Ver estos desafíos como oportunidades para aprender y crecer es crucial para cualquiera que busque dejar su huella como emprendedor. Se requiere resiliencia y determinación para superar los desafíos. La investigación de mercado y la evaluación de riesgos antes de comenzar lo prepararán para casi cualquier cosa. Un plan de acción comercial detallado para superar casi cualquier cosa lo ayudará a lidiar con los reveses y beneficiarse de nuevas oportunidades.

El emprendimiento hace más que satisfacer ambiciones personales: contribuye significativamente al desarrollo económico y la creación de empleo. Los emprendedores innovan, exploran nuevos mercados y, a menudo, lideran la adopción de nuevas tecnologías y prácticas que pueden ayudar a toda la comunidad mundial. Este impulso no solo los coloca en el camino del éxito financiero, sino que también impulsa un progreso económico más amplio, lo que hace que el emprendimiento sea una valiosa contribución a la sociedad.

Más allá de las ganancias financieras, convertirse en emprendedor es profundamente gratificante a nivel personal. No hay nada como ver cómo tu visión se hace realidad, impacta positivamente a los demás y contribuye al avance de la sociedad. Esta sensación de logro tiene que ver con dejar un legado, crear empleos y mejorar el mundo.

El emprendimiento no es una tarea que se pueda hacer en solitario. Fomenta la creación de redes y la colaboración, la tutoría y, a veces, las asociaciones que aumentan las posibilidades de éxito. Estas conexiones ofrecen lecciones y experiencias importantes, que abren nuevas posibilidades y sabiduría que pueden impulsar tu negocio en los buenos y en los malos momentos.

El camino del emprendimiento está plagado de pruebas y errores, éxitos y fracasos, pero también está repleto de oportunidades de superación personal y desarrollo profesional. Invita a aquellos lo suficientemente valientes a adentrarse en lo desconocido, armados con la esperanza de crear algo significativo y beneficioso para ellos mismos y para los demás. Aunque no todo el mundo está hecho para esta ruta, para quienes la emprenden, promete una combinación de desafíos y recompensas, que conducen a una vida plena y próspera.

La verdadera base de la seguridad financiera y la independencia radica en ser paciente y disciplinado a medida que avanza hacia sus metas preestablecidas y los plazos que se impuso. Cuando se trata de construir seguridad financiera, el tiempo está de su lado cuanto antes comience. Todos deberían comenzar a aprender sobre el dinero cuando son preadolescentes con la ayuda de sus padres. Los mercados fluctuarán, las condiciones económicas cambiarán, pero su alfabetización financiera siempre debe crecer y compartirse con quienes lo rodean. Por lo tanto, es importante mantener la calma durante los períodos de volatilidad y recurrir a su educación para ayudarlo a comprender cómo responder. En lugar de retirar sus inversiones a la primera señal de problemas, vea estas recesiones como oportunidades para invertir más a precios más bajos, sabiendo que la paciencia y la persistencia pueden generar grandes recompensas cuando los mercados se recuperen.

Es esencial recordar que la situación financiera y los objetivos de cada persona son diferentes. La información aquí puede guiarlo; adaptar su estrategia para que se ajuste a sus necesidades específicas es importante, pero requiere una segunda opinión profesional. Tomar decisiones basadas en evidencias y seguir un enfoque de gestión de riesgos e inversiones a largo plazo basado en estos principios puede mejorar enormemente su crecimiento financiero y sus posibilidades de éxito más temprano que tarde. Un enfoque disciplinado y estratégico de la educación y la alfabetización financiera, junto con paciencia, así como algo de buena suerte y oportunidad, son clave para alcanzar sus sueños financieros de seguridad, independencia y riqueza.

Donaciones caritativas: una estrategia para preservar la seguridad financiera

Cuando analizamos el papel fundamental que desempeñan las donaciones a organizaciones benéficas para generar seguridad financiera, queda claro que el acto de donar es más que simplemente repartir dinero. Se trata de los efectos positivos que estas acciones tienen tanto en la persona que dona como en la comunidad en general. La esencia de las donaciones benéficas radica en su poder no solo para mantener la seguridad financiera, sino también para crear importantes beneficios sociales. Esta combinación de creencias personales con estrategias financieras inteligentes nos muestra cuán profundo es el concepto de filantropía.

Comenzando con el hecho de que las donaciones benéficas pueden generar ahorros de impuestos, este aspecto resalta un lado práctico de ser generoso. No se trata solo de reducir los ingresos imponibles, aunque eso es sin duda una ventaja, sino más bien de alinear las decisiones financieras con lo que creemos y nos importa, como la Educación Financiera para Todos. Para quienes buscan aprovechar al máximo su generosidad, obtener asesoramiento y orientación de un profesional financiero y de seguros es clave. Pueden ayudar a identificar organizaciones benéficas y causas que se alinean con los valores personales y, al mismo tiempo, considerar los beneficios fiscales. Esto garantiza que las donaciones sean generosas y estratégicas, ayudando tanto a la causa como a la situación financiera del donante, lo que ayudará a motivar más donaciones financieras.

Además, donar a la organización benéfica adecuada y enfocada abre un camino significativo para dejar una marca duradera más allá de simplemente acumular riqueza. Donar permite a las personas tejer su influencia en la sociedad, creando olas de cambio positivo que duran más que su vida. La filantropía aquí no sigue un conjunto de reglas, sino que invita a las personas a reflexionar sobre el panorama general. Impulsa un cambio en el pensamiento de ver la seguridad financiera como un objetivo a verla como un medio para marcar una diferencia duradera en las vidas de tantas otras personas, tanto cercanas como lejanas. En términos de planificación patrimonial y transmisión de activos y riqueza, las donaciones caritativas estratégicas se convierten en un método sofisticado para dar forma al legado financiero de una persona.

Incorporar la filantropía en la planificación patrimonial requiere una ejecución reflexiva y una guía profesional con un servicio y apoyo constantes. Las personas deben colaborar con expertos en planificación patrimonial para diseñar donaciones caritativas que maximicen los beneficios fiscales y garanticen que su seguridad financiera se transmita de acuerdo con sus deseos. Esto podría significar la creación de fideicomisos o fundaciones benéficas, que no sólo apoyan las donaciones generosas, sino que también sientan las bases para que las generaciones futuras continúen con la tradición de dar.

No se puede enfatizar lo suficiente la alegría que surge al contribuir al bien común. Participar en obras de caridad aporta un sentido de propósito, felicidad y satisfacción que enriquece la vida del donante, mostrándonos que el dinero es verdaderamente valioso cuando se utiliza para mejorar el mundo. Si bien no existen reglas estrictas para este concepto, fomenta una nueva forma de ver la gestión del dinero para la próxima generación a través de la lente de la responsabilidad social y la satisfacción e impacto personal.

El trabajo atemporal de Michael E. Porter y Mark R. Kramer titulado "La ventaja competitiva de la filantropía corporativa" (Harvard Business Review, 2002) arroja luz sobre los aspectos estratégicos de la filantropía. Su investigación sobre las donaciones corporativas muestra que cuando las empresas se involucran en esfuerzos honestos para mejorar sus entornos comerciales, esto conduce a importantes recompensas sociales y económicas. Este punto de vista señala que, al igual que las corporaciones, los individuos pueden adoptar un enfoque estratégico hacia la filantropía, utilizando sus recursos para impulsar cambios significativos y al mismo tiempo reforzar sus objetivos personales, financieros y éticos.

Estrategias clave para el crecimiento y la seguridad financiera

En las páginas de este capítulo, hemos recorrido un fascinante camino a través de las tácticas para generar activos, dinero y riqueza. Desde tomar decisiones inteligentes en el sector inmobiliario hasta sumergirse en el emprendimiento, invertir con una visión a largo plazo y luego contribuir a la caridad. Hemos cubierto el tema de cómo estos métodos tienen más que ver con la planificación inteligente y la dedicación que con la mera buena suerte y el momento oportuno.

Twelve
Bienestar financiero y control del estrés

Hoy en día, recorrer el mundo de las finanzas no solo requiere educación, alfabetización y determinación, sino también un plan de juego bien pensado. En el centro de este viaje, nuestra salud financiera desempeña un papel fundamental, ya que moldea nuestra calma interior y satisfacción vital general. Es como equilibrar una balanza delicada en la que cada movimiento puede llevarnos hacia la prosperidad o llevarnos a las profundidades del estrés y la preocupación financiera. Esta aventura que llamamos VIDA no se centra únicamente en lograr seguridad financiera; se trata de construir una base de seguridad financiera que se alinee con nuestras formas únicas de vida y nuestros sueños para el futuro.

Sin embargo, el camino hacia el bienestar y la satisfacción financiera está lleno de obstáculos, desafíos y reveses. A medida que el panorama económico cambia bajo nuestros pies, nos encontramos enfrentando incógnitas, desde gastos cotidianos y emergencias inesperadas hasta información errónea. Estos obstáculos a menudo nos empujan hacia la ansiedad y el estrés financieros, un atacante silencioso que socava nuestra paz mental y una vida feliz. La raíz de este estrés no radica en no tener suficiente dinero, sino en nuestra actitud y relación con el manejo, la comprensión y la interacción con nuestro dinero y nuestras finanzas. Si no abordamos estos problemas básicos, las preocupaciones financieras seguirán dando vueltas y afectarán todo, desde nuestras relaciones cercanas hasta nuestro desempeño en el trabajo. Por lo tanto, la cuestión del bienestar financiero afecta más allá de las cifras; toca la esencia de nuestra felicidad y satisfacción.

Creación de un plan de bienestar financiero

Crear un plan de bienestar financiero va más allá de simplemente hacer números. Se trata de diseñar una estrategia que no solo asegure nuestro futuro, sino que también nos brinde tranquilidad hoy. Cada paso de este proceso está diseñado para construir una base de seguridad y estabilidad en nuestro mundo financiero. En primer lugar, controlar nuestras finanzas comienza con los conceptos básicos de establecer un presupuesto y realizar un seguimiento de nuestros gastos con frecuencia. Este paso es crucial para construir una base y tener una idea real de dónde fluye nuestro dinero cada mes. Nuestros costos fijos, como el alquiler o los pagos del préstamo hipotecario, son bastante sencillos. Sin embargo, son los gastos variables, como comer fuera o los costos de entretenimiento, los que pueden llegar demasiado lejos. Hacer un seguimiento de todos los gastos nos ayuda a comprender nuestros patrones de gasto, lo que hace que sea más fácil determinar dónde podemos recortar los gastos innecesarios si es necesario. Afortunadamente, con herramientas como aplicaciones de presupuestos o hojas de cálculo simples, controlar nuestras finanzas nunca ha sido más fácil y fácil de usar.

Incorporar objetivos financieros a nuestro plan arroja luz sobre nuestra hoja de ruta financiera, lo que nos mantiene motivados y concentrados en el objetivo final. Ya sea que estemos reservando fondos para una compra importante, planificando un matrimonio, formando una familia o planes de jubilación, construir una red de seguridad para emergencias y establecer objetivos claros le da a nuestras acciones financieras un propósito y una dirección. Es fundamental asegurarse de que estos objetivos estén a nuestro alcance para evitar cualquier sensación de derrota o pérdida de motivación. Abordar grandes ambiciones dividiéndolas en pasos más pequeños puede hacer que nuestro camino financiero parezca menos intimidante y más alcanzable.

Para alcanzar hitos financieros, aquí hay algunos pasos a tener en cuenta:

· Expresa claramente lo que esperas lograr en términos financieros a corto y largo plazo.

· Divide los objetivos más grandes en destinos más pequeños, cuantificables y fácilmente alcanzables.

· Realiza un seguimiento regular de tu progreso y tómate un tiempo para celebrar cada logro a lo largo de tu camino.

Una joya fundamental, aunque a veces descuidada, en el conjunto de herramientas de planificación financiera es priorizar los ahorros y establecer un fondo de emergencia, como se mencionó anteriormente. La vida es impredecible: desde reparaciones repentinas del automóvil hasta facturas médicas inesperadas o cambios de trabajo, lo que significa que tener un colchón financiero puede transformar un posible dolor de cabeza en un contratiempo temporal. Los expertos financieros suelen sugerir reservar lo suficiente para cubrir entre tres y seis meses de costos de vida. Este fondo de emergencia actúa como una red de seguridad, preparándonos para lo que la vida nos depare y al mismo tiempo brindándonos una sensación de seguridad y tranquilidad financiera.

La creación de un fondo de emergencia sólido incluye:

· Comience con cualquier depósito de ahorro que pueda hacer automáticamente.

· Guarde su fondo de emergencia en una cuenta de ahorros específica para mantenerlo fuera del alcance de su mano.

· Reevalúe y ajuste continuamente su fondo para satisfacer sus necesidades y estilo de vida cambiantes.

No se puede dejar de enfatizar la importancia de revisar y adaptar periódicamente nuestro plan de bienestar financiero. A medida que transitamos las distintas etapas de la vida, nuestros escenarios y aspiraciones financieras cambiarán y evolucionarán. Realizar controles anuales y pruebas de estrés con orientación profesional nos brinda la oportunidad de realinear nuestro PNB, objetivos, necesidades y prioridades con nuestro estilo de vida actual y nuestros sueños futuros. Es una oportunidad para verificar nuestra vitalidad financiera y ajustar nuestro plan de juego y hoja de ruta para asegurarnos de que estamos en el camino correcto y avanzamos a la velocidad adecuada hacia nuestros objetivos a corto y largo plazo.

Las revisiones periódicas de la hoja de ruta de su plan financiero implican:

· Dedicar un tiempo determinado cada año a examinar en profundidad sus finanzas.

· Modificar su presupuesto, sus objetivos y sus enfoques en respuesta a cambios importantes en su vida, como cambiar de trabajo, comprar una casa o ampliar su familia.

· Consultar con un asesor financiero o de seguros para realizar una prueba de estrés financiero.

Mitigación del estrés financiero

Reducir el estrés financiero es como intentar atravesar un laberinto complicado. Se trata de tomar decisiones rápidas y correctas, mantenerse concentrado y, a veces, buscar la orientación de quienes han estado en situaciones similares. Las preocupaciones financieras no solo tienen que ver con las cifras de su cuenta bancaria; están profundamente conectadas con nuestra salud mental e influyen en todo, desde lo bien que dormimos hasta cómo interactuamos con los demás. Por lo tanto, abordar este tipo de estrés requiere una estrategia que cubra tanto los movimientos inteligentes con el dinero como las formas de cuidar nuestra salud mental y la búsqueda de la felicidad, la satisfacción y la gratitud.

Comenzar con una actitud de gratitud y concentrarse en lo que tiene en lugar de en lo que le falta puede marcar una gran diferencia en la reducción del estrés. Cambiar su mentalidad de falta a sentirse suficiente puede ayudar a calmar esos temores financieros. Un truco simple pero efectivo es llevar un diario de gratitud. Simplemente escribir tres cosas por las que está agradecido cada día, semana o mes puede cambiar su perspectiva. A medida que pasa el tiempo, este hábito ayuda a entrenar a su cerebro para detectar y apreciar la riqueza de la vida, aliviando la ansiedad relacionada con los asuntos de dinero.

Además de cultivar un corazón agradecido, es importante participar en actividades que reduzcan el estrés. Ya sea meditar, hacer ejercicio o simplemente disfrutar de la belleza de la naturaleza, estas acciones ayudan enormemente a la mente, el cuerpo y el alma. Por ejemplo, el ejercicio regular produce endorfinas, que son como los estimulantes naturales de la felicidad. Mientras tanto, la meditación y la respiración profunda brindan una sensación de paz y claridad, alejando las nubes de la preocupación financiera. Estas soluciones son fáciles y gratuitas. Dar un paseo rápido o pasar unos minutos pensando en silencio o respirando profundamente cada día dondequiera que esté puede ser una herramienta poderosa contra el estrés y el malestar.

Buscar el apoyo de familiares, amigos o profesionales es otro elemento clave para controlar el estrés financiero. Hablar sobre sus problemas de dinero con alguien en quien confíe no solo alivia la carga, sino que también le brinda buenos consejos y apoyo emocional.

Tener una perspectiva resiliente y positiva cuando enfrenta dificultades financieras también es crucial. Ver los tiempos difíciles como oportunidades para crecer en lugar de callejones sin salida puede cambiar por completo la forma en que ve su situación financiera. Siempre que se encuentre con un obstáculo en el camino, recuérdese los momentos difíciles que ya ha superado. Piense en lo que funcionó en ese entonces y cómo puede usar o modificar esas estrategias hoy. Este enfoque no solo le da fuerza, sino que también genera resiliencia, preparándolo para recuperarse más rápido y más fuerte de las crisis financieras sin dejarlo inconsciente.

Al adoptar estos hábitos saludables y buscar apoyo cuando lo necesite, las personas pueden hacerse cargo de sus preocupaciones financieras. Sin embargo, controlar su salud financiera también requiere una acción rápida para abordar el problema financiero subyacente de frente.

Si la ansiedad financiera es una lucha constante, es fundamental elaborar un plan de acción claro y factible. Comience por hacer un inventario completo de su situación financiera, lo que gana, debe y gasta cada mes. Este inventario es como un mapa que muestra dónde debe concentrar sus esfuerzos. Establecer objetivos financieros alcanzables, como realizar los pagos a tiempo, saldar deudas o ahorrar para emergencias, le dará un objetivo al que apuntar.

Pero aliviar el estrés financiero no solo se trata de recortar gastos o aumentar sus ingresos. También se trata de cambiar su forma de pensar e interactuar con el dinero. Mejorar su comprensión de los principios financieros básicos, como ahorrar, invertir y elaborar presupuestos, puede aclarar estos conceptos, haciéndolos menos abrumadores y más dentro de su capacidad de actuar y controlar su futuro financiero.

Practicando la atención plena en las decisiones financieras

Comprender cómo se entrelazan la salud financiera y el bienestar mental requiere una comprensión cuidadosa y un plan de acción. Es como una danza matizada entre ser inteligente con nuestro dinero y cuidar nuestra mentalidad monetaria. No se trata solo de pensar en grande; se trata de decisiones de la vida real que afectan nuestra vida cotidiana. Para recorrer este camino con sabiduría, ser consciente de dónde va nuestro dinero se destaca como un paso de acción clave, fomentando un equilibrio entre lo que hacemos para ganarnos la vida y lo que realmente valoramos.

El gasto consciente en realidad consiste en tomarse un momento para detenerse y pensar antes de comprar. No se trata de tener un presupuesto ajustado o perderse cosas, sino más bien de hacernos preguntas importantes. "¿Realmente necesito esto hoy? ¿Cómo me ayudará a lograr mis objetivos?". Tomarse el tiempo para esa reflexión puede arrojar luz sobre lo que realmente necesitamos frente a un qué o un capricho pasajero creado por amigos o vendedores. Realice compras y elija opciones que reflejen nuestros verdaderos valores en lugar de deseos del momento.

<u>A continuación se indican algunos pasos para comenzar a practicar el gasto consciente:</u>

· Haga una pausa y reflexione sobre si una compra es necesaria.

· Piense en el impacto a largo plazo de su compra.

· Aprenda a diferenciar entre deseos y necesidades.

En cuanto a la elaboración de presupuestos conscientes, esto nos permite ser más conscientes y analizar más de cerca en qué gastamos nuestro dinero cada mes. Tal vez estemos comiendo demasiado fuera de casa o pagando suscripciones que apenas usamos.

Para aquellos interesados en gastar de manera consciente:

· Revise sus hábitos de gasto con regularidad para detectar posibles ahorros.

· Asegúrese de que sus gastos contribuyan positivamente a su vida.

· Esté preparado para ajustar su presupuesto para que se ajuste mejor a sus prioridades

El ahorro consciente convierte el acto de apartar dinero en una iniciativa con un propósito. Ya sea para casarse, para formar una familia, para emergencias, para unas vacaciones de ensueño o para la jubilación, establecer objetivos claros hace que el ahorro parezca más intencional y gratificante cuando se hace de forma automática. Celebrar los pequeños hitos que se van dando en el camino nos mantiene motivados y comprometidos.

También está la inversión consciente, que extiende estos principios de conciencia e intención al ámbito de la inversión. Es fundamental hacer los deberes, evaluar los riesgos y asegurarse de que las inversiones estén en línea con sus creencias personales. La inversión consciente implica tomar decisiones informadas, entendiendo cómo las decisiones afectan no solo a su futuro, sino también a quienes lo rodean.

El gasto consciente implica:

· Seleccionar inversiones después de realizar una investigación y una debida diligencia.

o Comprender su perfil de riesgo-rendimiento.

· Dejar que las prioridades personales guíen su elección de oportunidades de inversión.

· Educarse continuamente y ajustar sus estrategias y acciones.

La integración de la atención plena en la forma en que administramos el dinero ofrece profundas ventajas, ya que nos otorga una sensación de control y tranquilidad que va más allá del éxito financiero. Al adoptar un enfoque reflexivo de las finanzas, también fomentamos un estilo de vida menos estresante y más satisfactorio. Las investigaciones muestran que estas prácticas pueden incluso mejorar nuestras interacciones sociales y nuestro autocontrol emocional, lo que pone de relieve la relación que existe entre nuestro comportamiento financiero y nuestro bienestar general.

Al adoptar hábitos de gasto, presupuesto, ahorro e inversión conscientes, las personas no solo mejoran su conocimiento financiero, sino que construyen conscientemente vidas que resuenan con sus deseos, ideales e intenciones. Esta estrategia integral y las medidas relacionadas abordan no solo la gestión práctica del dinero, sino también los aspectos emocionales y psicológicos de la salud y el bienestar financieros. Destaca la increíble influencia que puede tener la atención plena cuando se aplica a las finanzas personales y nos impulsa hacia un cambio significativo y duradero tanto en los espacios personales como en los comunitarios.

Buscando asesoramiento y orientación professional

Para comprender el vínculo entre la situación financiera y la salud mental, hay que empezar por una verdad sencilla: no se trata solo de tener dinero en el banco, sino de administrarlo de forma inteligente, reducir el estrés y sentirse seguro para uno mismo y para los seres queridos. Esto puede resultar bastante complicado, especialmente cuando las normas fiscales cambian constantemente, el mercado de valores sube y baja y surgen desafíos inesperados. En estos tiempos, recibir el asesoramiento de un profesional no solo es bueno, sino que es fundamental para trazar una hoja de ruta a seguir que se adapte a su situación particular.

Veamos primero lo que hace un planificador financiero o un asesor/corredor de seguros. Piense en ellos como los maestros constructores de su futuro financiero, que elaboran planes que satisfacen sus necesidades a corto plazo y sus sueños a largo plazo.

Para aprovechar al máximo el trabajo con profesionales, es útil:

· Tenga en claro lo que desea lograr en términos financieros, ya sea ahorrar para la jubilación, pagar la universidad, invertir en el mercado de valores, lidiar con deudas y créditos, inscribirse en un plan de seguro médico o tener un seguro de vida en lugar de alquilarlo.

· Consulte con su asesor sobre su estrategia financiera y realice una prueba de estrés.

· Escuche sus consejos y planifique actuar rápidamente después de comprender y aceptar su recomendación.

El seguro es otro elemento esencial, ya que actúa como protección contra lo inesperado. Trabajar con un corredor de seguros puede aclararle el laberinto de opciones que existen, desde seguros de salud y de vida hasta seguros de propiedad, asegurándose de que esté cubierto sin pagar de más.

Para que esto funcione bien, debes:

· Revise sus necesidades de seguro anualmente o después de eventos importantes de la vida, como casarse, tener un bebé o comprar una casa.

· Analice detenidamente las diferentes pólizas, centrándose no solo en el costo o la prima, sino en lo que realmente cubre la póliza o el contrato y las limitaciones asociadas.

· Nunca subestime la probabilidad de muerte prematura, discapacidad o enfermedad.

No se piensa lo suficiente en por qué la planificación patrimonial es para todos, incluso si se trata simplemente de un testamento con instrucciones finales que simplifican las responsabilidades de las personas que deja atrás. Describir en papel cómo desea que se gestionen usted y sus bienes después de su muerte facilitará las cosas para todos los involucrados. Obtener asesoramiento legal en este sentido garantiza que se respeten sus deseos, lo que puede aliviar el estrés y los desacuerdos entre sus seres queridos.

Los pasos a seguir son simples pero increíblemente significativos:

· Asegúrese de que su testamento esté actualizado y refleje lo que desea.

· Considere la posibilidad de establecer fideicomisos si tienen sentido para administrar sus activos y cuidar de sus beneficiarios de manera eficiente.

- Guarde todos sus documentos de planificación patrimonial en un lugar seguro, pero donde los miembros de su familia de confianza puedan encontrarlos fácilmente.

Todas estas piezas o paradas a lo largo de su hoja de ruta se unen para mostrar una cosa: planificar su viaje financiero requiere que arranque el motor y, a veces, recurra a un guía profesional o a un asesor que le ofrezca una segunda opinión. Los mundos de la planificación financiera, las leyes fiscales, los seguros y la planificación patrimonial pueden parecer abrumadores, pero no tiene por qué afrontarlos solo. Obtener ayuda de expertos, a veces disponible sin costo a través de su empleador, puede aportar luz a su camino cuando las cosas se ponen oscuras, lo que le permitirá tomar decisiones que se ajusten a sus objetivos y valores. La importancia del asesoramiento profesional para evitar errores comunes en materia de inversiones y seguros o oportunidades perdidas le ayudará a tomar mejores decisiones financieras y de bienestar.

Estrategias clave para el bienestar financiero y la reducción del estrés

Al explorar los beneficios de la planificación financiera y la atención plena, hemos descubierto una variedad de tácticas que nos permiten no solo administrar mejor nuestras finanzas, sino también mejorar nuestra tranquilidad mental. Ha quedado bastante claro en este viaje compartido que nuestra salud financiera está profundamente vinculada con nuestra satisfacción general con la vida. Establecer metas financieras claras e incorporar la atención plena a nuestros hábitos de gasto, ahorro, inversión y seguros sienta las bases para una vida llena de seguridad financiera, calma interior y menos estrés.

Mejorar nuestros conocimientos y habilidades financieras hace más que proteger nuestro dinero; crea una atmósfera donde el estrés está bajo control y la felicidad florece.

Thirteen
Más recursos educativos

La educación y la alfabetización financiera son como un interés compuesto que crece y se multiplica a partir de conocimientos y experiencias pasadas. La educación actúa como guía o estrella del norte en nuestras vidas, especialmente cuando se trata de comprender el complejo mundo del dinero y las finanzas. Dado que las situaciones económicas cambian constantemente, tener un conocimiento sólido de los conocimientos financieros y de cómo funciona el dinero no sólo es útil, sino también un requisito para el éxito y la independencia a largo plazo. Este conocimiento nos prepara para manejar tanto los buenos como los malos momentos, tomando decisiones que se ajusten a nuestros planes de vida personales. Sin embargo, en el acelerado entorno financiero actual, no basta con depender únicamente de las formas tradicionales de aprendizaje en la escuela. El desafío consiste en mantenerse al día con los rápidos cambios y oportunidades lo antes posible sin perder el foco.

El meollo del problema es la naturaleza siempre cambiante de las finanzas mismas. Las condiciones económicas, las tendencias del mercado y las estrategias de inversión siempre están en movimiento, determinadas por los acontecimientos mundiales, las tecnologías recientes y los hábitos cambiantes de los consumidores. Para alguien que aspira a asegurar un futuro financiero estable, esta imprevisibilidad puede resultar abrumadora. Aunque la educación tradicional de la vieja escuela nos brinda una base sólida, a menudo tiene dificultades para mantenerse al día con los últimos cambios y eventos, lo que nos obliga a ponernos al día por nuestra cuenta más adelante en el proceso, potencialmente perdiendo oportunidades importantes. Esta brecha entre las viejas enseñanzas y las realidades actuales puede aumentar la probabilidad de cometer errores y errores de cálculo financieros.

Adoptar una variedad de recursos de aprendizaje

En el acelerado entorno económico y mundial actual, mejorar sus conocimientos, experiencia y conocimientos financieros no sólo es útil, sino que es un requisito. La llegada de la era digital ha abierto las compuertas de la información, accesible tanto online como offline, y a bajo coste, para aquellos curiosos por el mundo de las finanzas. Desde artículos que desglosan términos financieros complejos en un lenguaje sencillo, hasta videos que capturan las fluctuaciones del mercado de valores y podcasts que relatan historias de liberación y fracasos financieros, estos recursos, incluidas aplicaciones y libros como este, disponibles en su teléfono, ofrecen en conjunto un panorama amplio de cómo lograr la independencia financiera y el bienestar.

Explorar cursos en línea ofrece otro camino valioso para reforzar la comprensión financiera. La belleza de aprender a su conveniencia, libre del horario rígido de las aulas tradicionales, es particularmente atractiva pero requiere autodisciplina y responsabilidad. Para los alumnos de esta empresa educativa autoguiada, adoptar una postura activa es vital.

Aquí hay algunos pasos simples para aprovechar al máximo su experiencia de aprendizaje en línea:

· Elija cursos o programas que coincidan con sus ambiciones financieras y su cronograma.

o si se trata de aprender a hacer presupuestos o profundizar en estrategias de inversión.

· Mantener una rutina de estudio regular.

· Mantenerse disciplinado estableciendo horarios de aprendizaje estrictos aceptando la responsabilidad por los fracasos y sus resultados.

· Tome medidas lo antes posible solo o con un socio que amplifique su enfoque.

Más allá de los cursos formales, Internet es un caldo de cultivo para comunidades donde las personas pueden intercambiar conocimientos basados en sus experiencias. Participar en foros, comunidades y grupos de discusión en línea como Reddit actúa como un complemento perfecto para los métodos de aprendizaje tradicionales.

<u>Tenga en cuenta lo siguiente para enriquecer cada interacción:</u>

· Busque foros caracterizados por una participación activa y participantes bien informados.

· Nunca evite hacer preguntas, por muy simplistas que puedan parecer.

· Contribuya con sus ideas. El aprendizaje es recíproco.

La fusión de recursos en línea y fuera de línea significa que siempre estamos al alcance de la mano de lo último en tendencias financieras y oportunidades de aprendizaje. Esta combinación atiende a diversos estilos de aprendizaje y refleja la esencia multifacética de la educación financiera en sí. Al utilizar ambos, nos posicionamos para navegar por terrenos económicos y financieros complejos y en constante cambio dentro y fuera de nuestro camino hacia la independencia y el bienestar.

Comprender las finanzas va más allá de memorizar datos y cifras. Se trata igualmente de captar los matices de nuestro entorno, tomar decisiones que resuenen con nuestros objetivos y afrontar con confianza los obstáculos financieros. La educación continua en finanzas, aprovechando la abundancia de recursos disponibles, convierte nociones vagas en planes viables que se adaptan a nuestras rutinas diarias. Implica aprovechar cursos en línea para una educación estructurada, participar en diálogos comunitarios para obtener consejos de primera mano y eliminar sistemáticamente las capas de conocimiento financiero a través de programas estructurados.

No se puede subestimar la importancia de embarcarse en este viaje educativo. Cada paso adelante en la desmitificación del dinero, los seguros y la educación financiera acerca a todos al empoderamiento. En una época definida por rápidos cambios en los escenarios económicos y complejas oportunidades financieras, estar bien informado es imperativo. A través de la educación continua, nos equipamos con las herramientas necesarias no sólo para sobrevivir sino también para prosperar financieramente. Esta búsqueda no tiene por qué ser un viaje en solitario, así que busque un socio y un asesor profesional con ideas afines. La era digital nos permite conectarnos, intercambiar conocimientos y evolucionar junto a muchos otros en viajes similares.

La creación de redes en línea y en seminarios también puede cambiar las reglas del juego para su vida personal y profesional. Mezclarse y socializar con profesionales de la industria y su grupo de pares forjará conexiones que darán frutos tanto ahora como en el futuro. Ya sea encontrar un nuevo cliente, amigo, mentor o protegido, encontrar oportunidades de asociación o incluso iniciar un cambio profesional para usted o apoyar el de otra persona, es un resultado poderoso e impactante para todos. El potencial es enorme.

Para aprovechar al máximo la creación de redes, tenga en cuenta estos consejos:

· Tenga su propuesta lista.

o Saber cómo presentarse de manera sucinta y lo que hace hace que entablar conversaciones significativas sea muy sencillo.

· No olvide sus tarjetas de presentación.

o Pueden parecer un poco tradicionales, pero siguen siendo una de las formas más rápidas de intercambiar datos de contacto.

· Asegúrese de hacer un seguimiento, una y otra vez y con frecuencia.

· Comprender que la gente está ocupada intentando ser productiva.

o Un simple correo electrónico o una solicitud de conexión en las redes sociales pueden continuar las relaciones que ya ha comenzado a construir.

Sumergirse en talleres especializados centrados en temas financieros específicos realmente puede mejorar su capacidad para aprender, seguir y tomar medidas claras. Estas sesiones profundizan en temas que los cursos más amplios podrían pasar por alto, ofreciendo aprendizaje personalizado para aquellos con intereses o necesidades particulares.

A la hora de elegir uno de estos talleres especializados, esté atento a:

· Los antecedentes y experiencia del presentador.

· La agenda y objetivos del taller.

o Asegúrese de que el contenido coincida con sus objetivos de aprendizaje y profundice lo suficiente en el tema.

· Asistir regularmente a talleres y seminarios es una señal de dedicación a la mejora constante.

o El compromiso con el aprendizaje permanente garantiza que sus conocimientos financieros no sólo sigan siendo relevantes sino que sigan creciendo.

Adoptar esta mentalidad de aprendizaje permanente abre las puertas a la independencia financiera, al éxito y a saber dónde acudir en busca de ayuda y asistencia honesta.

Networking y Mentoría

Hacer networking dentro del mundo de las finanzas va mucho más allá de simplemente intercambiar tarjetas de presentación o conectarse en LinkedIn. Piense en ello como construir puentes con personas que pueden guiarlo, asesorarlo y abrir caminos que tal vez no encuentre por su cuenta. Tener un mentor que conozca los entresijos de las finanzas puede ser un cambio significativo para su carrera. Ofrecen información sobre las últimas tendencias, pueden ayudarlo a navegar a través de las complejidades de la industria e incluso podrían asociarse con usted en proyectos que impulsen su crecimiento profesional.

Un beneficio clave de relacionarse con profesionales de las finanzas es la oportunidad de encontrar mentores. Estos expertos experimentados aportan un profundo conocimiento y sabiduría que no encontrará en libros de texto, podcasts o foros en línea. Han pasado por dificultades en el mercado, se han adaptado a los cambios regulatorios y comprenden qué habilidades se demandan actualmente. Sus consejos pueden alejarlo de errores comunes y ayudarlo a tomar decisiones inteligentes sobre su dinero y su carrera.

Para recibir ayuda de una tutoría, es importante:

- Busque mentores que comprendan sus intereses y valores profesionales.

o Un mentor podría ser su asesor financiero o su corredor de seguros en el lugar de trabajo a quien le paga su empleador.

- Comuníquese de manera reflexiva y honesta con preguntas e inquietudes.
- Esté preparado para discutir sus ambiciones y lo que espera aprender.
- Exprese gratitud por su tiempo y aportes a su crecimiento.
- Manténgase en contacto

Al crear una red de profesionales financieros, se prepara para un desarrollo profesional continuo. El mundo de las finanzas exige un aprendizaje continuo para mantenerse al día, y tener una red sólida es increíblemente valioso para ello. A través de sus contactos, puede obtener información sobre seminarios, talleres y otras oportunidades de capacitación que pueden perfeccionar sus habilidades.

Fomentar hábitos de aprendizaje permanente

Adoptar una mentalidad orientada a la mejora constante en dinero, seguros y educación financiera es esencial, no simplemente una opción o posibilidad. A medida que navegamos por un entorno económico que cambia rápidamente, nuestro viaje nos llevará a través de ondas económicas dinámicas, impulsadas por la innovación tecnológica y la evolución de las ambiciones personales. Nuestra dedicación a la educación continua actúa como una fuerza estabilizadora. Nos ayuda a mantenernos ágiles, bien informados y equipados para enfrentar cualquier obstáculo u oportunidad financiera que se nos presente.

La búsqueda de conocimiento en finanzas no consiste en seguir obsesivamente cada nueva tendencia o dominarlo todo a la vez. Más bien, se trata de comenzar con lo básico y luego cultivar el entusiasmo por desentrañar gradualmente las complejidades del mundo financiero. Esta emocionante aventura comienza reconociendo que la educación y la alfabetización financiera nunca son completas, sino un proceso continuo de avance y adaptación.

Es fundamental mantenerse proactivo para ampliar su comprensión y mejorar sus habilidades en la toma de decisiones financieras. A medida que adquiera mayor conciencia financiera, las sorpresas y los resultados negativos serán temporales y menos probables.

Estaremos preparados para abrir la puerta y darle la bienvenida a la buena suerte y al momento perfecto.

Al mantener una mentalidad curiosa y adoptar una actitud de aprendizaje constante hacia el dinero, los seguros y la educación financiera, no solo está trabajando para lograr su propio bienestar financiero, independencia y riqueza, sino que también participa en la creación de un futuro con mayor conocimiento financiero para los demás cuando Comparta lo que sabe y aprendió con la próxima generación.

… ¡Aprender para continuar, siempre!

Explora y aprende de otros libros de la serie SIMPLIFICADA

Libro A: para anualidades

Libro B: para propietarios de empresas

Libro C: para estudiantes universitarios

Libro D: de Riesgo de Invalidez
Libro E: para beneficios para empleados y ejecutivos
Libro F: para Fiduciario
Libro G: para juegos de azar y lotería

Fourteen
Autor

Abe es un director activo de la junta directiva de Safety Net FOUNDATION y otras organizaciones sin fines de lucro. Su carrera de 20 años en seguros y educación financiera ha alentado a miles de personas, familias y propietarios de empresas a tomar medidas decisivas utilizando seguros y otras estrategias financieras para obtener el máximo beneficio y mejores resultados. Él y su equipo ofrecen beneficios para empleados y ejecutivos para empleadores en todo el país. Vive en la ciudad de Nueva York y viaja mucho con sus dos hijos adolescentes de la "Gen-Z".

Información del contacto

Abe J. García

QUALIFIED Employee Benefits, Inc.

Abe@QualifiedEB.com

(516) 550-3330

Fifteen
FUNDACIÓN Red de Seguridad

Una fundación con la misión de brindar educación financiera básica, apoyo y recursos a personas y comunidades del país más rico del mundo. Abogar por la creación de una base financiera sólida y estable para todos. La falta de esa educación financiera básica desestabilizará a individuos y familias, lo que conducirá a la pobreza generacional y a la dependencia del gobierno para obtener los elementos esenciales necesarios para sobrevivir. Al crear una comunidad de partidarios del bienestar financiero, todos sabrán a dónde acudir en busca de ayuda y orientación. El propósito básico de Safety Net FOUNDATION es compartir la creencia de que una red de seguridad es posible, asequible y necesaria para cada familia dispuesta a hacer pequeños sacrificios para hacer posible la independencia financiera y una herencia financiera para todos.

Founded 2020 TIN – 84-5121378

www.SafetyNetnow.org

Instagram:
@21SafetyNet

YouTube:
https://www.youtube.com/@21SafetyNet

www.ingramcontent.com/pod-product-compliance
Lightning Source LLC
Chambersburg PA
CBHW071931210526
45479CB00002B/629